12/12

4 palabras
que curan

ოჳ ოჳ

Vivi Cervera

❧❧❧

4 palabras que curan
El lenguaje secreto
de los antiguos hawaianos

México ♦ Miami ♦ Buenos Aires

4 palabras que curan
El lenguaje secreto de los antiguos hawaianos
© Vivi Cervera, 2011

D. R. © Editorial Lectorum, S. A. de C. V., 2011
Batalla de Casa Blanca Manzana 147 Lote 1621
Col. Leyes de Reforma, 3a. Sección
C. P. 09310, México, D. F.
Tel. 5581 3202
www.lectorum.com.mx
ventas@lectorum.com.mx

L. D. Books, Inc.
Miami, Florida
ldbooks@ldbooks.com

Primera reimpresión: enero de 2012
ISBN: 978-607-457-170-7

D. R. © Portada: Perla Alejandra López Romo

Impreso y encuadernado en México.
Printed and bound in Mexico.

❦

El conocimiento te hace libre.
Te permite elegir, te libera de las cadenas del tiempo,
de las creencias limitantes, de tus sentidos;
te libera incluso de ti misma.

Vivi Cervera

Este libro está dedicado a Francia y a Sofía,
dos guerreras hermosas y valientes
que me han regalado lo más bello de la vida
y han hecho placentero mi viaje a la Tierra.

Agradecimientos

A la Inteligencia Divina, por haberme creado.
A Ra, mi guía invisible.
A Kwan Yin, mi madre espiritual.
A las Pléyades y a sus habitantes,
por el conocimiento que me heredaron.
A mi mente maravillosa, receptiva, amplia.
A mis padres, Luis y Francia, por traerme a la vida.
A Sofía, mi pareja y maestra.
A Loli, mi hermana y alma gemela.
A Luis Alberto, mi hermano y mi maestro.
A mi hermano Carlos Alberto, mi hermano,
viajero del tiempo, como yo.
A César Ortiz López, mi amigo incondicional.
A todas mis amigas, amigos; a toda la gente que he conocido.
A todos los creadores de blogs y portales inspiradores.
A los libros que he leído y a sus respectivos autores.
A cada uno de mis lectores,
por toda su luz, que es la misma mía.
Al amor, que es un regalo multidimensional.

Introducción

Si alguien te dijera que existe una secuencia de palabras con la cual puedes curar tu cuerpo, tal vez pensarías que se trata de una broma o que te está engañando, porque para ti podría ser difícil el hecho de obtener felicidad sólo con pronunciar 4 hermosas palabras de manera continua, y admito que para mí también lo sería. Lo que he escrito aquí es una enseñanza tanto para ti como para mí, porque mientras escribo, aprendo y considero, además, que ha llegado el momento de que asimilemos ideas que parecen nuevas, pero que realmente tienen miles de años entre nosotros.

Un buen día le dije a mi familia que comenzaría a escribir sobre 4 palabras que habían marcado mi vida y con las cuales había recuperado mi salud y bienestar total. Ellos, como siempre, me acompañaron en la búsqueda, en el hallazgo de pistas, respuestas y señales, que trajeron a mi vida beneficios incalculables que tengo el gusto de compartir contigo. Si eres una persona que tiene que luchar mucho para salir adelante, si eres quien jamás ha sentido estabilidad emocional, si aún sientes que todo parece estar en tu contra porque a veces hasta Dios parece esconderse de ti, entonces estás ante una puerta que te llevará al mundo real de manera sencilla, para que logres sentirte ligera, amada, protegida y aceptada tal como lo mereces.

Desde hace algún tiempo, Sofía me preguntaba: "¿Cuántos años tienen que pasar para que la humanidad reciba los regalos que a ti te corresponde entregarle?". Y mi respuesta es lo que ahora lees. Aquí encontrarás los principales temas que rodean el mundo de la curación por medio de 4 palabras básicas, así como a aceptar la curación; también encontrarás los conceptos necesarios para asimilar la vida como viene. He considerado todos estos temas piezas fundamentales en el proceso de autoconocimiento y en el aprendizaje que te está guiando hacia la libertad.

Sé que también hay muchos otros maestros y maestras que pueden ilustrarte como lo hago yo, porque han escrito hermosos textos respecto al sanar por medio de las palabras; también sé que existen libros enteros sobre lo que significa descubrir las capacidades curativas del espíritu y que todo esto se ha dicho de forma inolvidable y magistral; sin embargo, mis letras son la satisfacción de una necesidad de compartir que se acrecentaba durante mi propio proceso de autoaceptación y que finalmente desaparecía en la medida en que iba escribiendo.

Éste es el momento oportuno para que hagas tuyo el conocimiento que responde a tus dudas e incógnitas de siempre y que te permite encontrarle un sentido a tu existencia. Todo lo que tú y yo hemos vivido es lo que ha creado un libro como éste; eres tú quien le da vida e impulso a mi mente creadora; me siento agradecida contigo.

Los temas que leerás pueden ser combinados con cualquier procedimiento que estés utilizando y con cualquier medicina que estés tomando; no importa si estás recibiendo algún tratamiento, porque para cualquier situación de tu vida siempre será importante que tomes en cuenta el amor como elemento sanador, y este sentimiento carece de contraindicaciones.

Por favor, confía en las herramientas que están llegando a tu vida, confía en las respuestas, confía en tu voz, confía en que éste es tu mejor momento, porque apenas estás descubriendo que estás hecha de amor, que ésa es la materia prima de tu ser y que por eso mismo tienes el poder de sanar cualquier enfermedad, aunque sea desconocida, aunque creas que no se puede curar y es así como creas los componentes del mundo en el cual deseas vivir. No te quedes detenida observando la vida pasar, comienza a hacer algo por ti misma y estarás haciendo algo por todo lo que existe.

Apoya tu experiencia en la entrega y la bendición de todo lo que llega a ti; bendice tus lágrimas, tus situaciones difíciles, tu enfermedad, tu médico, tu enfermera, bendice tus pastillas, la quimioterapia, radioterapia o cualquier otro medicamento que esté recibiendo tu cuerpo. Interpreta todas tus vivencias como peldaños de una escalera que facilita tu acceso al mundo espiritual que estás empezando a conocer y donde sólo reinan la vida y la inmortalidad.

Quiero contarte cómo nació este libro, porque fue un regalo que la vida me dio: resulta que por algún tiempo estudié de cerca una hermosa filosofía hawaiana de la cual me "enamoré" profundamente. Su esencia, sus contenidos y sus raíces me regalaban la agradable sensación de sentirla mía y por ello fue que comencé a escribir para mi blog todo lo que llegaba a mi conciencia respecto de ella y es así como me propuse descubrir ante ti el lenguaje secreto de los antiguos. Al principio encontré algunas dificultades con respecto a mi concentración, pero las mismas palabras sanadoras me permitieron descubrir el regalo que estaba escondido en la libertad de escribir sobre el amor.

A lo largo de mi vida he sido instruida de muchas maneras, en ocasiones por medio de encuentros pasajeros con las personas, a veces por mi padre (q. e. p. d.) y generalmente por seres de inteligencia superior, con los cuales siempre he tenido estrecho contacto por medio de mis sueños. La sabiduría proviene de muchas fuentes, los maestros están en todas partes y los seres humanos estamos en condiciones de aprender, siempre que podamos reconocer al maestro en cualquier espacio o momento que nos ofrece la vida.

Considero que el amor a tu propio Ser es el punto de partida hacia otros niveles de conocimiento y te ha sido otorgado en el mejor momento de tu evolución. Su contenido es sencillo y a la vez complejo, antiguo pero futurista, individual y colectivo, exacto e impredecible. Tal vez te tome algo de tiempo reconocer que existe en ti un sentimiento que puede curar tus heridas y que puede enseñarte a aceptar los milagros como parte de un día normal, o quizá sea demasiado sencillo (espero que así sea) y podrás dejarte llevar por las sensaciones que recorren tu cuerpo cuando pronuncias las más hermosas palabras curativas que hay: *lo siento, perdóname, te amo, gracias.*

Aunque soy consciente de que la Creación está completa y que todo ya te ha sido dado, utilizo las palabras *crear, curar, sanar, curación* o sus sinónimos, con el único fin de ubicarte temporalmente en esa parte de tu conocimiento que se está adaptando al concepto de lo que es un milagro. Poco a poco irás descubriendo por ti misma la sutil relación entre las frases sanadoras y el arte de la curación; la relación entre tu mente y el tiempo, la conexión multidimensional entre todo lo que percibes y tú.

Si de repente descubres ideas o conceptos repetidos y esto te desagrada, por favor, discúlpame; lo he hecho de esta manera porque conozco la importancia que tiene la repetición. Cada una de las palabras utilizadas aquí te guía hacia el descubrimiento de aquellos mundos mágicos que creías inexistentes; cada una de ellas te permite abrir la puerta hacia otros niveles de conciencia, donde todo lo que sucede es parte de la Voluntad Divina, que finalmente es la que te ha conducido hacia mí.

Con amor

Vivi Cervera

Capítulo Uno

❧

El inicio

La primera vez que escuché que el amor podía curar pensé que era algo maravilloso, aunque muy en el fondo me parecía demasiado fácil, romántico y bello como para modificar las creencias arraigadas; me parecía demasiado sencillo como para transformar la vieja idea que yo tenía acerca del dolor de vivir una experiencia humana.

Aunque los temas espirituales siempre rodearon mi vida, aún no podía comprender del todo el hecho de que al darme amor, pudiera sanar mi cuerpo, mi espíritu y a su vez el de todas las personas que me rodean. Para mí, una cosa era estar receptiva a las técnicas curativas del tiempo actual y permanecer atenta a mis sentimientos, porque es algo importante para sentir paz interior, y otra muy distinta el hecho de decir *"me amo"* y sanar una enfermedad de alguien a quien conozco. "¿Acaso tenemos tanto poder?", era mi gran pregunta. Me parecía que se había hablado de la curación por medio del amor durante muchos años, sin que hubiera una estructura y un proceso formal qué seguir para obtenerla; aparte de todo, no conocía a nadie que hubiera curado su cuerpo de alguna enfermedad mortal simplemente amándose con sus propias palabras.

Sin embargo, un día me encontraba navegando por algunos sitios de Internet, cuando leí un artículo que explicaba a la perfección el efecto sanador contenido en este par de frases: *lo siento, te amo*. Decirte que me sentí conectada con el escrito y con esas palabras no describiría el grado de conexión que inmediatamente se dio entre ellas y yo. Pensé que si alguien más había logrado sanar con esas dos frases, entonces yo también podría intentarlo. Así que lo que hice fue comenzar a pronunciarlas en todas las formas posibles hasta que la magia ocurrió.

En primer lugar, notaba que estaba renunciando a tener el control de las situaciones y esto me hacía sentir una paz interior y una quietud hasta el momento ligeramente conocida por medio de otros métodos de curación. Fue entonces cuando la frase "el mundo es tu espejo" comenzó a tener sentido para mí.

Mi investigación sobre la curación por medio de las palabras continuó hasta que fui descubriendo una bella secuencia de 4 de ellas, con las cuales es posible lograr una conexión multidimensional ("conectarte a nivel multidimensional" quiere decir que te has fusionado con todo lo que existe en el espacio-tiempo con el fin de crear una unidad, una mente, una conciencia). Estas palabras son: *lo siento, perdóname, te amo, gracias*. De más está decirte que mi vida ha ido mejorando poco a poco hasta el punto de llegar a creer plenamente que, entre todos los métodos conocidos, la curación por medio de las palabras logra generar en mí, una sensación de poder interior ilimitado que puede extenderse hacia cada una de las vidas paralelas que estoy experimentando en algún lugar de mi conciencia (he escrito a profundidad sobre este tema más adelante); es así como las energías más sutiles penetran cada célula de mi ser, transformando aquella forma de percibir mi antiguo mundo en un mejor lugar para vivir. Estas 4 palabras se convirtieron en uno de mis motivos para escribir.

En gran parte de los seres humanos existe una resistencia a confiar en el amor, porque no hay nada que entregar a cambio, más que al ego, que está representado por el miedo o por toda una serie de sentimientos reprimidos; así que de alguna manera nos hemos acostumbrado a que todo lo que sea difícil y que requiera de mucho dinero o dolor como forma de intercambio es lo que puede tener efectos contundentes en nuestra sanación. Es entonces cuando nos encontramos en el camino a dos grupos de personas: aquellos que se predisponen por miedo y piensan que detrás de todo esto hay mucha mercadotecnia o manipulación de almas inocentes que se ven obligadas a creer a ciegas en todo lo que leen y aquel grupo de personas que sabe que si algo llega a sus vidas no es por accidente, porque siempre hay una Inteligencia de orden superior que todo lo penetra, así que lo intentan, se permiten aprender, se sienten cada vez mejor y cada paso que dan se convierte en una oportunidad para vivir plenamente. Este grupo de personas recibe información valiosa por parte de maestros que toman diferentes formas y en esa forma se van introduciendo poco a poco en el mundo de las posibilidades infinitas, dentro de las cuales se encuentra la paz, la alegría de vivir, así como muchos otros recursos que facilitan la transición para dejar de ser personas limitadas a un sistema de creencias y convertirse en seres totalmente libres.

Lo fácil o lo difícil, la manipulación o la libertad, dependerá siempre de cuál de los lados elijas ver; tal vez decidas creer que amarte es una tarea sencilla o de pronto decidas que es muy difícil aprobarte o apoyarte en aquellos momentos donde te culpas o te castigas por proceder de manera tal vez equivocada. Lo que sea que elijas, ten en cuenta que esto puede llevar algo de tiempo y que si tu deseo es ir paso a paso es porque así tiene que ser para ti. Puede ser que inmediatamente elijas amarte por ser parte de esa humanidad privilegiada que tiene acceso a dimensiones desconocidas para gran parte de las personas, y que así compruebes que todo en el Universo siempre fue dual y que tienes el poder de elegir o interpretar lo que llega a tus sentidos y que por eso puedes amar todo aquello que parece imperfecto.

La práctica de las palabras mágicas (así les llamo cariñosamente algunas veces) nace con mi necesidad de sanar problemas físicos y emocionales del ayer y por mi deseo de expandir la curación a otro nivel, con el fin de alcanzar el estado evolutivo que el alma de los seres humanos necesita en el nuevo tiempo. A raíz de mi conexión con ellas, escribí y grabé una meditación para Sofía exclusivamente; después yo también la escuchaba; posteriormente pasó a manos de mi familia y fue así como juntos iniciamos ese viaje inevitable hacia nuestro interior, con el fin de cambiar el mundo que nuestros ojos veían, de modo que los resultados no se hicieron esperar: empezamos a sentir más tranquilidad, más desapego de los resultados, más amor por nuestro Ser, y los procesos de perdón que en otros tiempos habían sido motivo de lágrimas y tristeza, ahora parecían fluir más fácilmente sólo con sentir las palabras sanadoras.

Así nació la idea de publicar estas meditaciones en mi blog, con la finalidad de que los pocos visitantes que entraban en él tuviera una herramienta que facilitara sus días difíciles; entonces de un momento a otro pasaron a ser escuchados por miles de personas a diario y se convirtieron en toda una esperanza de sanación, sin que yo lo planeara conscientemente. Posteriormente se crearon redes de curación a nivel mundial, hasta el punto de que todas las personas que se integran a ellas logran sanar diversas situaciones en sus vidas; desde enfermedades terminales, problemas emocionales de tiempos pasados y situaciones conflictivas, hasta asuntos cotidianos o dificultades laborales, entre otros. Con mucha alegría me di cuenta de que la idea de publicar los audios en el blog para que todas las personas pudieran descargarlos gratuitamente había sido parte de un deseo colectivo y después notamos que fue más sencillo vivir.

Algún tiempo después, Sofía creó y publicó un video con esta meditación y al poco tiempo se convirtió en el más visualizado dentro de su género. Muchas personas habían hecho suyo el audio y comenzaba a ser parte de su vida cotidiana; entonces unas y otras recomendaban el audio a donde quiera que iban, de modo que algunas señoras con dolores físicos, sin esperanza de recuperación, empezaban a unirse a la cadena de amor que se había formado y esto hacía que todas ellas y yo, estuviéramos conectadas permanentemente, cargando y recargando las palabras contenidas en el audio con una energía poderosa generada por el colectivo con su intención de sanar. A raíz de todo esto, comencé a recibir muchas cartas de personas que me expresaron su gratitud y me hicieron saber que estos audios o meditaciones son una fusión perfecta de todos sus componentes; todo era y sigue siendo una melodía perfecta para generar el gozo de vivir. Me siento muy bien de que esto así es.

Todo esto hizo que se multiplicaran las visitas a mi blog, para que yo ampliara mucho más mi capacidad creativa, mi receptividad para "escuchar" las voces que me guiaban a escribir sobre determinados temas y mi conexión con los seres de luz que siempre me han rodeado y de los cuales comprendo perfectamente quiénes son. Así es como llega la inspiración y me guía para crear y publicar precisamente los temas que las personas estaban esperando. A veces me sucedían cosas maravillosas; por ejemplo, me sentaba en mi computadora y comenzaba a escribir sobre determinado tema, pero las ideas no fluían, el papel se quedaba en blanco durante mucho tiempo hasta que llegaba a mí el título de otro artículo que yo ni siquiera tenía planeado, pero que la Inteligencia Divina había elegido, entonces llenaba de letras la pantalla y me sentía feliz al terminar todos y cada uno de los escritos que tomaban vida a través de mí.

Posteriormente llegó mi necesidad de escribir este libro, con el cual se me dijo que aprendería mucho más sobre el amor y sobre mí misma. El tiempo me enseñó que esto era verdad. Y también aprendí que para amarme no tenía que ser perfecta ni tenía que estar siempre sonriendo o haciendo lo que las demás personas suponen que es correcto, ya que lo único que precisaba era aceptar mi propia oscuridad para unificar, fundir, totalizar.

.eo haber escrito en el lenguaje más adecuado para la com-
.ón de las personas que comienzan a dar sus primeros pasos
po₁ medio de la comunicación consigo mismas, así como para todas aquellas que ya llevamos algún trecho recorrido. Lo que leerás en este libro se basa en mi experiencia personal; por lo tanto,
sólo encontrarás información de la cual yo he sido protagonista y
practicante. He incluido temas que aluden a cualquier sistema de
autocuración y respecto de los cuales la humanidad tiene muchos
vacíos, dudas o sentimientos encontrados; creo que todos estos
temas explican de manera sencilla las razones por las cuales el
amor es un milagro que le da sentido a la vida de muchos seres
humanos que, mediante la práctica de las palabras sanadoras, por
fin hallaron una ruta hacia su curación.

Las filosofías ancestrales hawaianas integran muchos aspectos, así como muchas palabras y terminología importante que
enriquecen los procesos evolutivos, de manera que tomé las palabras cuyo significado básico conocemos por estar en nuestro idio-
ma y dejé todas aquellas que consideré poco apropiadas para este
instante. Las 4 palabras a las que me refiero con el título de este
libro son: *lo siento, perdóname, te amo, gracias.* Como podrás darte
cuenta, crecimos con ellas y son tan nuestras que las reprimimos
dejándolas guardadas en lo más profundo de nuestro interior, tal
vez para encajar en las diferentes situaciones de la vida. No obstante, aquí están nuevamente y recargadas con su verdadero significado para que puedas hacer uso de ellas correctamente.

Una palabra de amor es una llave que te permite abrir la
puerta a la realidad que desconoces, donde los deseos ya han
sido concedidos y por eso dejan de tener sentido; una realidad
donde descubres que el dolor es un implante o una memoria que
puedes transmutar. Una palabra de amor también es un gatillo,
un disparador que tiene el poder de llegar al punto donde genera
respuestas a nivel físico, mental, emocional o espiritual, y es así
como logran curar las causas profundas de dolencias, enferme-

dades y situaciones que considerábamos compañeras eternas de nuestras vidas.

Tal vez sientas un tanto extraño el hecho de que mencionara en los agradecimientos de este libro, y ahora en este párrafo, a los pleyadianos (seres de luz que provienen del sistema estelar Pléyades), cuya presencia he sentido siempre por medio de mis sueños o de inspiraciones. Aunque esto puede sonar diferente, considero apropiado, oportuno y necesario hacerte parte de algunas de mis experiencias con estos magníficos seres de la luz, con el fin de expandir tu conciencia, para que sepas en dónde se encuentra el origen de todos mis conocimientos.

Hace algunos años, durante una meditación que se convirtió en un viaje a otro mundo, la maestra Kwan Yin estableció un estrecho contacto conmigo, guiándome en la creación de una hermosa meditación llamada Templo de Curación, la que tendría que regalar (según las instrucciones) a los visitantes de mi blog. Posteriormente llegó a mi vida alguien llamado Ra; había leído algunos escritos y libros con su nombre en ellos, como *Manual de ejercicios pleyadianos*, de Amorah Quan Yin, entre otros, pero en esos momentos yo simplemente no noté nada especial, no recibí ningún mensaje, ninguna señal. Ésta llegó años después a través del mismo Ra, quien me enseñó a estar totalmente receptiva y dispuesta a permitir que su energía entrara en mi vida.

Me permito contarte la historia: me encontraba regresando a mi ciudad por carretera y en autobús, luego de una hermosa conferencia en Celaya, Guanajuato, México, en compañía de Sofía. Como a la una de la madrugada, el autobús hizo una parada en un lugar de la autopista en San Luis Potosí y, como sentía sed, me bajé para pedir un refresco y unos panecillos con miel en el establecimiento donde atienden a los viajeros. Había un clima delicioso, por lo que me senté en las mesas del exterior del lugar; Sofía se sentó a mi lado y empezamos a charlar de nuestra experiencia en Celaya. De repente, un pensamiento llegó a mi mente: debía leer el libro de una escritora que transmite los mensajes de los pleyadianos llamada Barbara Marciniak. Este mensaje o este pensamiento fue tan contundente, que yo no pude dejar de pensar en esto mientras continuó el viaje. De regreso en casa, lo primero que hice fue dejar a un lado la lógica para comprar el libro, con el fin de descubrir lo que había sido escrito en él para mí. Ésa fue la primera vez que sentí que alguien llamado Ra se comunicaba conmigo por medio de la palabra escrita, esto es algo poco fácil de describir, porque lo que se siente es tan personal, tan único, que al relatarlo no encuentro las palabras que puedan explicar la sensación en mi alma. El tema del libro de Barbara Marciniak tenía una estrecha relación con lo que yo estaba viviendo y fue mi impulso para escribir este texto que tienes en tus manos, con la certeza de que había un ser de luz, originario de las Pléyades (un conjunto de estrellas en el vasto universo), que había inspirado en mí la necesidad de relatar mi experiencia con el poder curativo de las palabras.

Unida a todas mis vivencias con los pleyadianos, sentí la necesidad de investigar la procedencia de la cultura hawaiana (que si recuerdas bien, en párrafos anteriores te comenté que fue importante en el desarrollo de mi investigación), porque me preguntaba cuál era la razón que tenían estos seres de otras dimensiones para contactarme mientras estaba escribiendo este libro. ¿Acaso existía alguna relación entre los pleyadianos y las técnicas de curación hawaianas? Por supuesto que sí. Por fortuna, las respuestas siempre estuvieron ahí para mí, en forma de libros, sitios *web*, referencias, etcétera. Cada una de ellas llegó en el momento apropiado para que yo pudiera escribirlo aquí.

La magia del ritual hawaiano que sana el espíritu a través de las palabras se halla envuelta de alguna manera por las virtudes de "huna" (una filosofía que enseña a vivir de manera integral) y por eso mismo va mucho más allá, es extensa y rica en postulados, premisas o métodos, porque estamos hablando de todo un sistema cultural, espiritual y sanador que abarca muchos aspectos que no menciono en este libro, ya que aquí sólo me he permitido contarte una pequeña parte de lo que considero el lenguaje perfecto de los antiguos y para ello, analizo un poco el inicio de una civilización de la cual muchos de nosotros tal vez fuimos integrantes en otras vidas.

En el libro *Chamanismo. Tiempos y lugares sagrados*, compilado por Fernando Barona Tovar, se relata cómo hace miles de años, los egipcios (antiguos moradores de Lemuria, la ciudad perdida) fueron una de las civilizaciones que llegó a las islas que hoy en día conforman Hawai, las cuales después fueron ocupadas por los polinesios, quienes implantaron un sistema de castas que puso en desventaja a los habitantes de las islas (llamados los *antiguos*); esto fue lo que los motivó a proteger sus tradiciones y costumbres por medio de ciertas palabras que sólo ellos conocían. Posteriormente, los misioneros británicos impusieron el cristianismo, aboliendo todas las prácticas de los nativos. Mucho tiempo después, Max Freedom Long, un investigador estadounidense, se dio a la tarea de buscar las raíces y orígenes de estas palabras secretas que facilitaban el acceso a estados de conciencia desconocidos para gran parte del mundo, que incluso podían ser aplicadas para sanar cualquier situación y hasta para modificar las condiciones climáticas. Para Max Freedom Long era importante revelar estas verdades universales a la humanidad, porque habían sido celosamente protegidas por los antiguos para que salieran a la luz en el momento adecuado.

Se puede definir este arte, de manera generalizada, como una herramienta de curación o como una forma de vida equilibrada que envuelve muchos aspectos del ser humano y que ha sido un legado de los antiguos para todas las personas que se encuentren preparadas para recibirlo. Este conocimiento fue originando algunos otros métodos en los cuales también se practica el amor incondicional. La misión fundamental de este libro es enseñarte a recibir el conocimiento que te pertenece por herencia divina, a través de una de las herramientas derivadas de la sabiduría hawaiana.

Los seres que provienen de las Pléyades, y con los cuales todas las personas tenemos relación de una manera u otra, conocen el poder de las 4 palabras que curan, conocen el sentimiento y las emociones creativas y sanadoras que se generan al pronunciarlas, saben perfectamente que es una de las más bellas formas que tenemos de corregir los errores de nuestra mente consciente y que, por lo tanto, es una forma divina de alimentar a la Tierra, para que podamos ver sus hermosos frutos. Ellos nos han ido guiando hacia esta forma de vida, con el fin de que podamos recordar quiénes somos realmente.

Mi intención es escribir para ti todo aquello que ha llegado a mi vida de diferentes formas; lo que comparto contigo es mi propio punto de vista, mi hipótesis, y deposito en tus manos la libertad de confiar o no en la veracidad de todo este legado histórico y cultural que enriquece la historia hawaiana, porque, según la opinión de algunos escritores, no hay mucha información respecto de los guardianes y maestros de los secretos. Pero, independientemente de la historia humana, con sus luchas de poder y con toda su mística sabiduría, no me cabe duda de que estamos siendo guiados por seres de luz que en todo momento están transmitiéndonos las bases de una sociedad en equilibrio, en la cual el concepto de unidad es adoptado por todos sus integrantes. Ésta es una de las razones por las cuales he escrito exclusivamente para tu lado femenino y esto no tiene nada que ver con ser hombre o mujer, esto sólo quiere decir que mis escritos tienen el objetivo de hacer que renazca en ti la energía creadora que te trajo al mundo y esa esencia es femenina, es también la esencia de la madre Tierra. El hecho de haber nacido hombre o mujer es otra manera de conocerte y de relacionarte con los demás.

Quiero dejar claro que jamás he sido canal (alguien que permite que un ser de luz hable a través de su cuerpo) de ningún ser de luz; mi conexión con ellos simplemente se da a través de mis sueños, meditaciones o en momentos en los cuales me siento inspirada y fluyen hacia mi mente las palabras que necesito escuchar y que se desea que yo transmita. Para que cada una de estas palabras salieran de mí era necesario que tú las estuvieras esperando, fue por esa conexión, que nació este libro y al escribirlo me concentré en lo que integra una energía como el amor, en su raíz, en su causa, en su base, así como en aquellas palabras guardadas por mucho tiempo en mi corazón y que ahora estuvieron dispuestas a salir. La curación por medio de las palabras tiene un estrecho vínculo con todos los métodos que utilizan al amor como instrumento de sanación y si bien me he apoyado en algunos fundamentos de culturas antiguas, considero que he ido más allá de lo que yo conocía conscientemente de ellas. Aquí encontrarás conceptos que pondrán a prueba tu amplitud de criterio, tu apertura e inteligencia emocional.

En este instante te diriges a ese lugar de tu conciencia donde todo es posible y donde no hay reglas, sólo libertad. Ahora sé por qué una voz interior me decía una y otra vez que el penetrar en este mundo de sanación a través de 4 palabras que curan me guiaría hacia la luz y creo que ésa es la razón principal por la que te hago entrega de todo esto. Puedo asegurarte que gracias a este libro mi vida ha cambiado para bien y siento que voy dejando atrás las ataduras que me mantenían dentro de un mundo ilusorio. Siendo de ese modo, creo tener suficientes razones para brindarte mi experiencia aquí, ahora.

Capítulo Dos

❦

El dolor humano

Una de las metas del ser humano siempre ha sido la búsqueda de la felicidad, de la plenitud, y para ello se ha lanzado en su persecución, encontrando únicamente más impotencia, soledad y tristeza. Es como si pretendiera alcanzar un objeto que está siempre en movimiento sin éxito alguno. A esta desconexión con la fuente de donde emana la luz, a este miedo constante de la muerte, a la insatisfacción, a la enfermedad y a la pérdida total de poder se le llama *dolor humano*. De este sentimiento proviene el mal-estar, la enfermedad, la angustia y cualquier sentimiento inmovilizador. Se suele considerar al dolor como un error, como si fuera algo que hay que rechazar o combatir para encontrar la plenitud; no obstante, los métodos de autocuración más efectivos demuestran que es importante corregir el error convirtiéndolo en un punto fuerte y en un aliado en cualquier tratamiento que se esté llevando a cabo, porque en cuanto una situación deja de ser un problema para convertirse en una bendición, automáticamente desaparece, deja de existir, se borra, se elimina. Por eso hablamos de eliminar, liberar o borrar, aunque lo que en realidad hicimos fue transmutar, unir, integrar, totalizar.

A la corrección del error se le da inicio teniendo en cuenta los siguientes aspectos:

1. Comprender que la realidad está hecha con tus pensamientos; tú eres creadora y por lo tanto responsable de lo que percibes con tus sentidos.
2. Toda situación difícil es un recuerdo o memoria.
3. La liberación de un sentimiento negativo o recuerdo llega con la pronunciación de la secuencia de palabras sanadoras: *lo siento, perdóname, te amo, gracias.*
4. Sólo existe una mente, una conciencia, un alma, que es quien eres tú.

Yo sé que puede tomar algo de tiempo el aprender que tu intención y tus pensamientos pueden crear, pero si observas bien todo lo que hay a tu alrededor, te darás cuenta de que antes de estar allí fue la idea de alguien. Es así como actualmente puedes viajar en avión, navegar en un barco, tomar fotografías y encender un foco. Entonces, si tú puedes ver, escuchar y sentir un avión, es porque algún pensamiento tuyo está involucrado en ello; de lo contrario, no podrías traerlo a tu realidad. Esto sucede con todo lo que puedes percibir con cualquiera de tus sentidos e involucra objetos, personas, animales, seres inanimados, plantas y también situaciones. A partir de este momento ten en cuenta que todo aquello que llegue a ti es producto de lo que consideraste necesario en tu experiencia aquí, en la Tierra.

Cuando hablo o escribo sobre "crear" determinadas situaciones, lo hago para facilitar tu comprensión respecto del valor del momento presente, teniendo en cuenta que la Creación está hecha en su totalidad, todo ya existe y es. Así que tú sólo transmutas la "basura" que te impide sentir la totalidad como realmente es, a esto también se le llama *cocrear*. Utilizo la palabra *crear*, porque de alguna manera estás creando un sentimiento fresco, algo nuevo en ti, algo que creías que no estaba ahí. Lo único que posees para crear es el momento presente, de modo que tienes muchas oportunidades para ver la vida con otros ojos, porque cada segundo que llega a ti es la materia prima con la que construyes los sentimientos que anhelas. Las veces en las cuales te apartas del momento presente son aquellas en las que piensas en la nostalgia de no tener lo que consideras necesario, en la culpa por haber actuado de determinada manera, en el miedo de no recibir lo que crees merecer. Desde esta perspectiva, el dolor humano proviene de un recuerdo o una memoria; si en este instante te sientes desorientada, culpable, triste, meditabunda, apática, temerosa, deprimida, rechazada, victimizada, sola, impotente, agresiva, preocupada, etcétera, es porque te encuentras atrapada en medio de tus recuerdos y las posibilidades de salir de ahí dependen de tu intención, de ese deseo que manifiesta a toda voz que estás dispuesta a aprender a vivir y que para lograrlo puedes comprometerte contigo misma a levantarte cada vez que sientas que has caído y sobre todo a comprenderte aunque tropieces y caigas nuevamente, aunque no seas lo que las demás personas esperan.

Relacionar el dolor humano con los recuerdos te da la libertad de conocerte, con el fin de dirigirte hacia ese espacio tuyo donde puedes escuchar tu propia voz, que pronuncia un "*me amo*" sincero. Buscar las causas de las diversas situaciones de la vida puede llegar a ser desgastante, porque realmente no sabes cómo funciona todo este océano de información en el que habitas; la percepción es algo que limita las posibilidades de ir más allá, porque funciona con base en las creencias que te han heredado tus ancestros y por eso observas todo con la visión que ellos tuvieron; de hecho tus sentidos sólo pueden guiarte hacia lo que ya conoces, de manera que tu forma de ver la vida es la misma que tuvo y tiene el colectivo que vibra alrededor de ti; entonces es fácil que comprendas que no eres culpable, que tu misión es amarte sin que importe tanto la causalidad, porque en realidad no sabes exactamente de dónde proviene aquello que quieres cambiar. Cuando esto deja de importarte, el sentimiento de amor que has despertado en ti, viaja a ese lugar de tu conciencia donde había una idea falsa y la corrige, sin que tengas que desgastarte pensando o recordando.

La gran mayoría de las personas cree saber lo que es el amor, porque dan por hecho que se trata de mantener una relación sentimental con alguien, llámese pareja, hijos, padres, etcétera. Se supone que amar es preocuparse por esa persona, reclamarle su comportamiento cuando se considera inapropiado; se considera amor a la acción de culpar a un hijo porque le va mal en el colegio, porque esto es "por su bien"; también se considera amor al hecho de pretender que la pareja sea una fiel copia de una misma; se cree que hay amor cuando se le da todo a los demás sin recibir nada a cambio; si el cuerpo físico engorda, se le rechaza tajantemente, etcétera. En pocas palabras, has adoptado un sentimiento que se parece ligeramente al amor, y lo has hecho así, porque es lo único que conocías. Lo que sucede es que confundes el amor con el miedo de perder el significado que le has dado a los seres que están a tu alrededor, con el miedo de no llegar a ser el ideal de persona que crees que debes ser, y esto no significa que estés mal o bien, sólo quiere decir que hay que dejar de controlar la vida empezando por amar las condiciones en las cuales viniste a este mundo, así como todo lo que has vivido, que es lo que naturalmente te ha llevado a actuar de cierta manera, y en la medida en que estés dispuesta a apoyarte a ti misma por encima de todo lo que ves, sin censurarte, será más fácil convivir con los demás tal como si estuvieras aprendiendo de ellos permanentemente. Esto significa unirte física, energética y emocionalmente con tus seres queridos, permitirte ser tú misma para que ellos a su vez puedan ser tal como son.

Amarte sin condiciones quiere decir que comprenderás tus aciertos y tus desaciertos, que aunque creas no estar haciendo esto muy bien, puedas apoyarte y ser más tolerante, más entregada, más flexible con tu forma de sentirte en cualquier circunstancia. Aunque sientas que no eres tan buena en lo que haces o que tal vez estás lejos de ser una persona maravillosa y atractiva, acepta eso definitivamente, sólo en esta forma serás más flexible con tus relaciones y te permitirás aprender a amar. El amor lo envuelve todo, puedes amar incluso tu falta de amor por ti, ese es un buen inicio. La práctica del amor no es algo que funcione separadamente, es decir, no te permite ser individualista porque su estructura se apoya en el concepto de unidad. Por ello se hace necesario que tu alma se encuentre lo suficientemente receptiva para adoptar las ideas que en este instante están llegando a ti por diferentes medios, con el fin de que puedas recibir ese sentimiento que con tanto afán persigues, que es la alegría de vivir, la plenitud, la paz. Una vez que has tomado la decisión de despojarte de tus antiguas creencias y te has brindado la posibilidad de creer en algo demasiado sencillo para curar tu cuerpo y tu alma, entonces puedes afirmar que has subido otro nivel en la escala evolutiva de la conciencia.

Tu vida entera se compone de elecciones, se construye con decisiones; a cada instante te ves obligada a decidir entre dos ideas distintas en tu mente y una de ellas es seguir pensando de la manera habitual y como víctima de todo a tu alrededor y la otra significa un cambio radical respecto de tu actitud frente a la vida y que significa amar lo que ha sido creado. Esto quiere decir que cuando una situación te parezca triste, desagradable, molesta, tu sentir ha de ser de aceptación y para ello bastará con decir para ti misma, en voz alta o mentalmente la frase *me amo*. Esto significa respeto por toda la diversidad que has creado o sea amor por lo que con tus pensamientos has creado.

Parece ser que la vida te pone a prueba en todo momento y te enfrenta a creer o a dudar, a confiar o a ser desconfiada, a intentar un cambio o a permanecer estática en el medio al cual te has adaptado, o sea que al final de cuentas todo termina siendo una cuestión de elegir, porque de eso se trata la vida, te ves impulsada a tomar decisiones que cambian el rumbo de tu existencia o que la dejan tal como está, y haces esto a cada instante. Hay una gran cantidad de personas detenidas en el tiempo pasado y se puede decir que están tan dormidas que no pueden elegir salir de ese lugar, así que pasan todo el tiempo tristes, deprimidas y sin voluntad para hacer algo por sí mismas. Si eres consciente de que hay personas en esta situación dolorosa, regálate más amor en su nombre, porque son parte de ti. Siempre se trata de lo que percibes, de manera que lo que llega a tus sentidos está en ti. Éste es el poder del amor por ti.

Al conocer el amor desde su forma más pura y prístina, ese amor que te brindas a ti misma sin restricciones, penetras un mundo casi desconocido, un tanto irreal; un mundo que integra la facilidad para sanar por medio de códigos, pensamientos, palabras, vibraciones y emociones. En diversas ocasiones algunas personas se han acercado a mí para preguntarme cómo sana el amor y mi respuesta es sencilla, como el proceso mismo: el amor sana por medio de esa fuerza interior que te va llevando hacia la rendición. Bajo este contexto, rendirte no significa someterte, sólo quiere decir que has decidido dejar de interponerte entre la vida y la muerte, y que, por lo tanto, estás dispuesta a permitir que tu Ser Superior viva a través de ti sin que tu mente sea un obstáculo.

Capítulo Tres

✍

El error

Aunque desde hace miles de años nos hemos sentido cómodas nombrando nuestras experiencias dolorosas como errores, es prudente saber que no hay decisiones equivocadas, siempre y cuando así lo consideres; sea cual sea el camino que elijas, se abrirá ante tus ojos un mar infinito de posibilidades que justifican y apoyan la ruta elegida en la misma medida en la que aceptas tus vivencias. Tus errores pueden convertirse en una gran experiencia o en un castigo injusto y de eso que decidas dependerá tu existencia, así como la de todos los que conformamos tu mundo; eres tú quien decide el significado y la esencia de las palabras. Has sido condicionada para considerar al error como un castigo o como la parte desagradable de la vida, sin que pudieras detenerte a tener en cuenta que sin las llamadas *fallas* o *errores* no podría haber corrección ni perfección. El error está contenido en la corrección y, por lo tanto, error y perfección están íntimamente unidos por siempre. Esto exonera al error de toda culpa y de toda acusación. *Ser imperfecto*, *errar*, *equivocarse*, *desviar el camino* son frases sinónimas de *perfección*. Puedo afirmar que el núcleo del error es la perfección.

Para que te sientas segura en cualquier camino que elijas, observa el planeta que habitas como un espacio amigable, como si existiera dentro de ti y no fuera, con el fin de que puedas sincronizar su ritmo con el tuyo; tal como si fueras tú el espacio mismo donde se apoya la experiencia humana. Después asimila todas tus situaciones dolorosas como el resultado de tu percepción, o sea que dejarás de verlas como algo real y monstruoso para abrirte a la posibilidad de asumirlas como una película importante en todos tus procesos. Tus sentidos te permiten experimentar el dolor para conocerte y esto no significa que el dolor tenga que ser la única manera de aprender a vivir, aunque es la que mejor conoces. Si aceptas que el dolor permanezca como si fuera tu maestro, si descubres su mensaje, su significado, entonces dejarás de considerarlo tu enemigo, dejarás de recordarlo a cada momento y le habrás quitado el poder invisible que tenía sobre ti, así notarás que ya no tienes un problema sino un motivo de gratitud. Esto es transmutar.

Por ejemplo, si no logras encontrar dinero suficiente para vivir, entonces tienes una situación que aceptar y para sentirte en paz es preciso que renuncies, que abandones el control y aceptes que estás en manos de un Ser Superior que va a cuidar de ti mientras aprendes, porque finalmente es tu Ser Superior quien puede corregir un error que sólo existe en tu mente, un error al que podemos llamar *ilusión*. Es posible que ahora te digas: "Bueno, esto de la ilusión suena bien, pero la realidad de mi vida es que el lunes tengo que pagar las facturas que por puro miedo no he querido sacar de mi buzón de correos. ¿Cómo puedo creer que esto es ilusorio cuando en cualquier momento podría perderlo todo?".

Cualquier problema es una ilusión, porque lo que te está afectando es un sentimiento de temor y no las facturas como tal; o sea que el problema se resume en una emoción que viajó desde el pasado a tu presente con el único fin de que puedas sanarla. Prácticamente reproduces constantemente un recuerdo como un mecanismo de defensa, pero esto no significa que exista un problema fuera de ti. Solamente hay una idea errada que se manifiesta en forma de deuda y que se hace más real por medio del temor, que es la emoción que te hace sentir totalmente indefensa.

Los representantes de los problemas son los sentimientos negativos o de baja frecuencia que son provocados por los pensamientos cotidianos, y lo mejor de ello es que se pueden corregir desde una mente conectada, por eso es que todo problema es una ilusión, porque se desvanece penetrando en los terrenos del momento presente como algo inexistente y frágil ante la decisión de cambio de un ser humano.

Si deseas puedes hacer un pequeño experimento: En el momento en el cual veas que llegaron tus facturas y que no tienes un solo peso para pagar, piensa en la palabra *gracias*, pronúnciala sin vacilar, siente que puedes agradecer el hecho de no tener nada, porque todo podría ser peor, aunque te sorprenda considerar esta posibilidad. Adopta la palabra *gracias*, porque tú no sabes qué tantas cosas positivas puedes obtener por experimentar carencia, impotencia o soledad; sabes tan poco de lo que significa el dolor, de la enseñanza que deja, del vacío que llena. Es por eso que lo mejor es agradecer lo que se percibe y asimismo lo que no se percibe. Esta nueva actitud te permitirá salir de la ilusión que has creado a nivel subconsciente y traerá muchos regalos a tu vida. No te quiero decir que se abrirá la Tierra y que brotarán ríos de dinero para ti, lo que sentirás es que eso que está sucediendo en tu vida es justamente lo que estás necesitando y dejarás de oponerte a tu experiencia de vida. Eso es paz.

Capítulo Cuatro

✑

La maestría de tus relaciones

En cuanto a tus relaciones con las demás personas, considero que para aprender a vivir puedes observarlas como si fuesen células tuyas o pequeñas partes de la energía que integra tu cuerpo; esto permite que el proceso de corrección sea más sencillo, porque cada una de sus reacciones y respuestas, positivas o negativas, reflejan tu propia oportunidad de cambio, tu necesidad de curarte, de modo que puedes considerarlas tus maestras.

El hecho de observarte en ellas te permite ser parte activa en la corrección de lo que ante ti parece ser desagradable. Es muy tentador sucumbir a aquella vocecita que quiere salir y gritar que le han hecho daño, que ha sido ofendida, que le han lastimado; es tan fácil decir que esa otra persona es la culpable o que eres víctima de un juego perverso, porque esto te mantiene estática y sin posibilidades de modificar el pensamiento que te ocasiona el conflicto, esto es más sencillo que considerarse cocreadora de un triste episodio de tu vida. Pero todo lo que tiene de sencillo lo tiene también de complicado, porque hace más difícil tu experiencia con esa otra persona, te encierra en el dolor y la impotencia.

Cuando te hayas dado cuenta de que es necesario que el cambio comience en ti, podrás conducirte con mayor libertad. Casi siempre el primer recurso que protege tu mente es la acción de buscar fuera, culpar algo o alguien y esperar a que esas personas cambien de actitud o que esas circunstancias sean diferentes. Haces esto para compartir cargas o culpas, porque sería más difícil si la asumieras tú sola; pero eso no funciona, porque es como si intentaras arreglar los desperfectos del hogar desde las casas vecinas; una idea algo absurda, pero muy de acuerdo con el comportamiento humano. La parte positiva de esto es que el amor lo envuelve todo y a cada instante tienes la posibilidad de corregir las fallas de tu conciencia, comenzando por apoyarte y por decirte cada vez que sea necesario: "Está bien, de todos modos eres una persona fantástica, lo haces mejor cada vez. Si esto no hubiera sucedido entonces no habrías podido aprender una lección valiosa". Aunque esto parezca parte de una telenovela y te resistas a hablarte de esa forma, ése es el diálogo interior que te permite alcanzar niveles superiores de evolución, es una hermosa manera de demostrarte amor y cuando sientes amor sin condiciones por ti, ya estás conectada con tu Ser Superior.

En mi caso, con la práctica de este diálogo interior compasivo, he aprendido a respetar y a honrar mis temores o mis miedos; cada día me perdono completamente por lo que he creado que haya podido ocasionar dolor, cada día interpreto mis posibles errores como parte de mi experiencia, los acepto como bendiciones y como el sistema que utiliza el Universo para ahorrarme momentos difíciles posteriores. Continúo aprobándome por ser o por no ser lo que yo espero, por ser o por no ser lo que las demás personas esperan e incluso lo que la Tierra espera de mí. He aprendido que el sendero del amor no está libre de equivocaciones y tampoco está libre de dolor; está lleno de aprobación. O sea que no tengo que ser perfecta (bajo la definición que tenemos de esta palabra) para amar, no tengo que ser esa gran persona que jamás se equivoca o que jamás tiene miedos, porque mis sentimientos y los tuyos, sean cuales sean, provienen de un recuerdo grupal que se extiende milenios atrás, que dio inicio en algún instante de la historia de mis ancestros y que yo he traído a mi realidad para sanar en ellos y en mí. Esto me hace creer que soy inocente, que tú y yo somos inocentes, que merecemos lo mejor. Para amar necesitas fundir el odio con el amor, el error con la corrección, y convertirlos en una mezcla homogénea que te permita superar los momentos difíciles o que te otorgue la aceptación necesaria para comprender el hecho de que a veces no tengas las respuestas o que algunas situaciones parezcan insalvables; en cuanto te permites ser vulnerable y puedes amarte así, ya estás en otro nivel, eso es una parte importante de la acción de amar.

Ya sé que has escuchado durante muchos años aquella frase de "el cambio comienza contigo", y la has escuchado tanto sin poder comprenderla, que ahora dudas que el cambio comience contigo. Sin embargo, éste es un buen momento para intentarlo de nuevo, permíteme explicarte mi punto de vista respecto de ese cambio con un ejemplo: cuando decides que el cambio está en ti, lo que haces simplemente es integrar a esa persona (con la cual estás en desacuerdo) contigo y para ello puedes preguntarte: "¿Cómo me trataría si supiera que esa persona a quien considero mi enemiga fuera yo misma? ¿Me odiaría igual o le tendría algo de consideración? E incluso, ¿podría perdonarla?¿Qué sucedería si yo considerara que todo es un juego y debajo de su rostro duro se ocultara el mismo rostro mío?".

Claro que tu resistencia puede ser tan grande que quizá en lugar de esas preguntas te hagas esta otra: "¿Qué necesidad tengo yo de preguntarme todo eso si no lo necesito? ¡Que cambien los demás, yo estoy bien!". Si esto ha pasado por tu mente, ya sabes que tiene un nombre: *resistencia*. Y ella también tiene su valor, el cual no hay que desestimar o menospreciar; ya aprenderás cómo soltarla más adelante. Cuando he dialogado con algunas mujeres, porque tienen dificultades en su relación de pareja, me he dado cuenta de que en cuanto ellas comprenden perfectamente lo que significa "contener" a la otra persona, se les hace muy fácil solucionar todo lo que antes parecía irreconciliable. Siempre les sugiero que no miren hacia fuera, que sólo se hagan responsables de su propio dolor, que se observen y que posteriormente amen esa situación. La gran mayoría de estas mujeres escucha mi voz y se deja guiar con confianza, así que al poco tiempo regresan sonrientes para decirme que todo está funcionando de maravilla en sus vidas. Algunas otras ni siquiera regresan, sino que las encuentro en la calle felices, ligeras, mientras me dicen de lejos: "Vivi, todo se ha solucionado, gracias!", y ése es el instante en el cual recibo un verdadero regalo con la felicidad que veo en sus rostros. ¿Qué las hizo felices? ¿Qué las hizo libres? El hecho de asumir una total responsabilidad de sus sentimientos; cuando hacen esto, no están involucrando a nadie más en sus propias sensaciones, sólo se están haciendo cargo de ellas, logrando dejar de proyectar la culpa en las demás personas y sanando todas al mismo tiempo (este tema de la responsabilidad se trata a profundidad posteriormente).

Al pronunciar las 4 frases sanadoras en la solución de conflictos con las demás personas, estás depositando la situación en manos de tu Ser Superior (Dios, la Fuente, lo Divino), lo que significa que soltarás la carga y dejarás de preocuparte o de interponerte entre el poder universal y aquello que tanto anhelas. No pasará mucho tiempo para que puedas comprobar que entre menos te resistas a tus relaciones y a lo que sucede en tu vida, podrás disponer de una mayor carga de energía para desempeñar tu misión. Las demás personas son tus maestras en el arte de vivir; por muy erradas que estén, por muy insignificantes que parezcan, guardan un secreto para ti o de lo contrario tú no las habrías traído a tu realidad; descubrir esto y poder practicarlo es todo un reto que se va llevando paso a paso, con mucha tolerancia hacia ti misma, para que con el tiempo te des cuenta de que los demás serán más flexibles y más tolerantes contigo.

Capítulo Cinco

&

Aprendiendo del dolor

Sugiero que empieces a considerar que te estás introduciendo delicadamente en un mundo aparte, como si estuvieras tomando "clases" en una burbuja cósmica, donde lo que sucedió ayer no importa, porque una vez que entras a la clase, dejas de pensar de manera limitada y expandes tu conciencia al punto de ir practicando todo lo que lees, para que así vayas corroborando lo que aquí explico, con el fin de que tu aprendizaje sea completo.

En esta burbuja cósmica no importan las viejas ideas ni los pensamientos que llegan a tu mente, lo único que cuenta en tu "salón de clases virtual", que es representado por este libro, es tu manera de pensar amplia, capaz de asimilar conceptos que tal vez no habías escuchado o leído antes y, por lo tanto, tu capacidad para interpretar a tu favor lo que está llegando a tu burbuja. Una vez que has pasado por esta sala virtual que hemos creado, los maestros irán apareciendo en tu vida de múltiples formas, para que puedas complementar aún más tus lecciones.

La primera instrucción que recibes es: "Todo lo que recibes del mundo está desde antes en ti, creas tu realidad con lo que piensas, sientes, vibras". La segunda instrucción es: "Mantén tu conexión con tu Ser Superior por medio de estas 4 palabras: *Lo siento. Perdóname. Te amo. Gracias.*

Ambas instrucciones se encuentran relacionadas y es fácil comprobar su veracidad. Tan poderoso es tu pensamiento, que aunque aceptes o no estas dos instrucciones, igualmente estarás creando algo que para ti es real y que por lo tanto satisface tus propias necesidades. Esto es equivalente a la libertad, puedes tomar o dejar cualquier idea que de todas maneras estarás viviendo a tu manera.

Cuando consideras el gran poder que esconden tus palabras, estás dando un gran salto en tu evolución y cuando aún no puedes aceptarlo o digerirlo, también estás dando otro salto evolutivo, porque te encuentras en una parada necesaria para continuar con tu ruta y en algún momento de tu existencia llegarás a comprender que había una razón para cada una de tus actitudes frente a la vida. Es el aprendizaje de estas lecciones, la razón por la cual has venido a la Tierra. La vida puede compararse con un camino que tiene una bifurcación, tú vas caminando en él y simplemente eliges una de las dos rutas, sin saber que cualquiera de ellas te guiará hacia otras bifurcaciones y que después de recorrer todo el trecho necesario, finalmente te encontrarás de frente en el punto que unía a todos los caminos, bifurcaciones y senderos; tal vez unos de ellos fueron más difíciles de transitar que otros, pero irremediablemente te guiarán al destino perfecto para ti. Después de que has comprendido que cualquier ruta que elijas te llevará hacia una mejor comprensión de ti misma, entonces sabrás que eso es aceptación, aprobación y, sobre todo, libertad.

El amor por ti supone un gran desafío para la humanidad. De alguna manera significa la caída de una estructura que por siglos creó la conciencia del materialismo. Esto ha ocasionado que por mucho tiempo se considere que sólo es real aquello que puedes ver, tocar, escuchar, y también que se crea que los seres humanos estamos sometidos a fuerzas desconocidas frente a las cuales somos vulnerables y frágiles. También ha ocasionado la certeza de que algunas enfermedades son algo tan real como incurable y, asimismo, que todos los procesos de destrucción son irreversibles. El viejo nivel de conciencia materialista limitaba al máximo nuestras posibilidades, porque nos movíamos entre la incertidumbre, la fatalidad y la impotencia. Se nos había hecho entender que había alrededor nuestro algunas condiciones destructivas frente a las cuales no teníamos ningún poder; que por esa razón se generaban muchas situaciones como accidentes, guerras, violencia, hambre o dolor y estábamos acompañados permanentemente por virus, bacterias, y microorganismos que atacaban sin piedad nuestro cuerpo, al ser elegido por ellos al azar. Parecía que ante todas las situaciones difíciles de la vida sólo podíamos resignarnos por respetar algo llamado *Voluntad Divina*. Así, con la proliferación de estas ideas, miles de personas se entregaban a un destino inevitable por causa de su enfermedad; ese destino siempre fue la muerte, que aparecía ante sus ojos como la posibilidad más cercana de "salvación" (en algunos casos).

Mientras este concepto materialista prevalecía, la verdadera causa de la pena, la enfermedad y la muerte se escondía en los límites de la conciencia; las voces de quienes hablaban con la verdad eran silenciadas por miedo, hasta que poco a poco fue creándose el espacio donde tiene cabida la curación desde el punto de vista espiritual, energético, cuántico y holista. Los ciclos de la humanidad están llenos de detalles que a veces no podemos asimilar o aceptar; algunas partes de su historia contienen tanta oscuridad que se nos hace difícil relacionarlas con las épocas en las cuales hizo presencia la luz. No obstante, esta relación existe, hay un lazo invisible que conecta cada suceso con una inteligencia superior que domina el espacio donde todo tiene lugar en el momento presente.

Considero que la conciencia limitada ha sido necesaria como punto de apoyo para que la humanidad diera un salto al siguiente nivel, ya que durante estos periodos de incertidumbre es cuando se organiza la colectividad para sanar las causas de su desequilibrio y es así como le abre paso a las nuevas ideas que de algún modo sanarán las raíces de sus luchas internas.

A partir del descubrimiento de su propia composición, la humanidad tuvo que aceptar y asimilar que somos más que huesos y piel, que todo el funcionamiento de nuestro cuerpo obedece a la inteligencia infinita que habita la conciencia y que cada célula contiene una chispa de luz, así como la sabiduría necesaria para volver a crearnos una y otra vez. La humanidad también tuvo que comprender que alrededor del cuerpo físico existe un campo energético que se funde con los campos energéticos de los demás seres y objetos, convirtiéndoles en un "Todo", que es lo único que siempre ha sido, es y será; que esto a su vez crea un solo espacio donde el tiempo es relativo, porque no transcurre en la misma forma para los que conformamos ese "Todo". Entonces, finalmente, la humanidad tuvo que digerir el concepto más liberador que puede existir:

El dolor humano es un recuerdo.

Cuando escuché esto por primera vez, mi sorpresa fue enorme, porque para mí significaba que todos esos problemas físicos que parecían tan inmensos, reales e invulnerables se limitaban a ser una idea en mi mente, un pensamiento llamado *recuerdo,* y esto apuntaba a que podría ser más fácil para mí la tarea de sanar mi cuerpo, mis relaciones, mi vida en general. Paso a paso fui estudiando esto a fondo y pude probarme a mí misma que todas esas desagradables sensaciones de mi cuerpo suponían sólo una idea que no era tan real como yo creía, porque iba y venía dependiendo de mi conocimiento, así como de mi deseo de llevar una vida mejor. Aparte de todo, significaba que ese recuerdo podía haberse originado antes de mi nacimiento, en otras vidas, en otros seres humanos relacionados conmigo; o sea, que estaba recibiendo mi "herencia" ancestral sin que pudiera negarme a ello, así que tenía, y tengo, la oportunidad de corregir los errores de quienes me habían precedido.

El dolor humano es un recuerdo, porque la lucha, la miseria, la soledad, el malestar siempre llegan a ti como resultado de que tu mente se encuentra viviendo permanentemente en el ayer, un tiempo sobre el cual no tienes ninguna clase de poder. Estos recursos o manifestaciones de tu mente son tan sutiles, que te hacen pensar que estás recibiendo dolor en el momento presente, cuando en realidad casi nunca dejas el ayer; el simple hecho de pensar es una tarea de la mente que se encuentra lejos del ahora, que no es más que ese segundo que acaba de transcurrir antes de que iniciaras este renglón; el ahora es veloz y se marcha a cada milésima de segundo que transcurre; por eso el alma siempre está dolida, por eso siempre hay memorias o recuerdos para convertir en luz, porque el momento presente parece difícil y hasta imposible de vivir. Heredas todo un legado de creencias, acciones, reacciones, respuestas y emociones; todo esto conforma un paquete que usarás hasta que lo consideres necesario. Para que aprendas más sobre el tiempo psicológico te recomiendo un libro magnífico llamado *El poder del ahora*, de Eckhart Tolle; con él te descubrirás aún más como ser humano.

Según Erich Fromm, el amor es un arte, porque debes dominar su teoría y su práctica; por lo tanto, debes aprender a ser un artista del amor. Este término (*arte*) se adapta perfectamente a lo que es producido por el intelecto en fusión con la luz divina, y es la guía hacia la creación de una "obra" que descubre a una persona como aprendiz, maestra, escultora o como artista que trabaja en una piedra inicialmente sin forma, que finalmente se convierte en una hermosa pieza de colección. Para aprender un arte tan fino como éste, hay que tener paciencia con el proceso, disposición y flexibilidad para observar al maestro en una frase, un libro, una revista, un niño o hasta en un mendigo. El amor es la verdadera expresión de un arte curativo que te sorprende con palabras generadoras de un poder interior ilimitado, cuya misión es alinearte con la Fuente o con tu Ser Superior, de manera que puedas asimilar o digerir que todos y cada uno de tus deseos son parte de la Voluntad Universal o de la Voluntad Divina, y cuando esto sea algo claro para ti, habrás llegado a ese lugar que siempre deseaste conocer.

La palabra que es pronunciada con la finalidad de unir, corrige tu percepción, tu interpretación de la realidad, y puede hacerlo porque se apoya en la energía creadora de todo lo que existe. Este sentimiento de aceptación puede sanar, reconstruir vidas, curar cuerpos enfermos, corazones heridos, puede iluminar la oscuridad e incluso detener el tiempo, si de corregir el error se trata. Con esto hago referencia al amor a ti misma, al sentimiento de estar unida a todo lo que te agrada o te desagrada, a tu fusión con un árbol, con un carro o con el aire. Hablo del amor que inunda tu ser de una paz total, de esa sensación de no necesitar de nada ni de nadie, ni siquiera de estar consciente de lo feliz que eres. Cualquier pensamiento o palabra que surja de ti en ese estado de amor incondicional contiene un poder curativo infinito que no puede describirse, porque va más allá de lo que puedes concebir. Es por eso que un ser que rebosa de aceptación no necesita curación. El amor total es luz que ilumina la oscuridad de todas y cada una de las partes de tu conciencia, y cuando me refiero a tu conciencia, también lo estoy haciendo para toda la humanidad que está contenida en ti. Cuando hay amor, hay aceptación, que es distinta a la resignación; cuando aceptas, dejas de calificar una situación y simplemente la observas; cuando te resignas, no aceptas lo ocurrido, sólo intentas readaptarte a tu nueva vida con un dolor escondido en tu alma. Por eso, la tarea del amor es aceptar sin condiciones, sin reglas; su misión es terminar definitivamente la lucha inútil contra ti misma.

La humanidad reside en ti y eres tú, porque cada uno de sus integrantes significa un pensamiento de tu mente. Todos los que integramos la humanidad somos un concepto en tu conciencia, de manera que estamos naciendo, viviendo, sucediendo ahí dentro, en ese espacio que aparentemente es ilimitado, pero que realmente incluye todo lo que puedes concebir. Cuando luchas contra algo que ves fuera de ti, estás atacándote, porque no eres consciente de ese ataque; crees que ése es tu aporte por la paz, pero no es así porque no puedes entregar paz por medio de la lucha contra ti o contra la humanidad, que crees externa a tu conciencia. Es por eso que todo comienza en la quietud o la intimidad de tus pensamientos, es por eso que todo cambio comienza por ti. Si observas algunos personajes importantes de la historia, podrás darte cuenta de que toda su ideología comenzó en la soledad de un pequeño cuarto, dentro de ellos mismos, y a partir de ese lugar se expandió hasta donde tenía que hacerlo. Es por esto que cuando lees sobre la humanidad, estás leyendo sobre ti, ya que eres tú quien puede tener certeza de estar aquí, eres tú quien observa.

Cada sentimiento, pensamiento, emoción o actitud que tengas influye sobre el mundo de las demás personas, por lo que es importante reconocerlos, para darles la importancia que tienen recibiéndolos con agrado. Aquellos momentos donde más triste te has sentido guardan un estado de "no perdón", esconden cierto odio hacia alguien más, lo que es también un odio hacia ti. Tal vez no seas consciente de esto en esos momentos, pero lo que realmente tiene valor es tu capacidad para perdonarte, porque sabes que no fue ni es tu culpa, que estás aquí para corregir en ti el dolor que heredaste. El hecho de saber que tienes el poder de sanar los recuerdos de tu línea ancestral te aliviará de momentos de enojo que se volvieron odio y después depresión, o a la inversa.

El amor también tiene que ver con respetar aquellos tiempos en los cuales no estás lista para dejar atrás tus miedos, esto también es aprobación. Cualquier sentimiento, por muy nocivo que se considere, está íntimamente relacionado con la paz interior. Si llegas a sentir miedo y simplemente te entregas, no intentas ocultarlo, lo reconoces, lo aceptas y encima lo bendices, podrás sentirte calmada, en paz, porque ya no necesitarás que se marche. Estás en capacidad de lograr esto que lees, tienes el poder para decidirte a tener diálogos frecuentes contigo, para aclarar estos aspectos y para explicarte a ti misma la importancia que tiene lo que haces y lo valioso que es el trato amoroso que te das. Al principio no es fácil hacerlo, porque estás acostumbrada a tratarte con severidad para castigarte por lo que supones una falla; pero en la medida en que vas llevando a cabo tu tarea de aprobarte, lograrás bendecir todo lo que antes te provocaba impotencia, desesperación o llanto; y una vez que bendices tu oscuridad, habrás encendido una luz y podrás sentirla. Tal vez te hayas preguntado si el hecho de aprobarte por todo podría hacerte más errática de lo que ya eres o si te sentirías más cómoda cometiendo los mismos errores de siempre; ésta es una pregunta natural a la que todas llegamos, y la respuesta es que se trata sólo de tu experiencia y la de muchas personas que estamos en ti, así que no hay peligro alguno en aceptarte, porque esto genera el gozo de regalarte más y más momentos de amor, no al contrario. Te invito a comprobarlo contigo ahora, con cualquier rasgo de tu personalidad que te desagrade, ámate por ser como eres y te darás cuenta de que tu necesidad y tu problema se desvanecen como si no existieran.

Ésta es una de las formas que existen para borrar los recuerdos tal y como si oprimieras un botón. El mecanismo que estás aprendiendo consiste en llenar con palabras sanadoras ese espacio mental donde habitaban los pensamientos del pasado. El proceso de apagar los recuerdos con la luz de la energía curativa también puede definirse como *neutralización*, porque lo que haces realmente es dejar de calificarlos, dejar de juzgarlos, mientras se van desvaneciendo al sentirse inutilizados por la juez que habita en ti. La neutralización de los recuerdos proviene de las diversas formas que toma tu conciencia para tener contacto con la energía divina y nace con tu disposición de transmutar tu insatisfacción y esa sensación de estar fuera de lugar en sentimientos agradables.

El amor por ti produce en tu organismo una gran cantidad de reacciones en todos los niveles: físico, emocional y energético; tus glándulas trabajan mejor, la circulación de la sangre en tu cuerpo es más fluida, tus intestinos realizan su trabajo eficientemente, tu respiración es más calmada y se ponen en libertad las energías atascadas en tu ser, descansas el alma y experimentas una sensación de plenitud, de estar haciendo algo bello por ti y por todos los que estamos a tu alrededor.

Las 4 palabras que curan son una técnica eficaz, porque van directamente al origen de un problema que invariablemente es una emoción generada por pensamientos y que es susceptible de ser transmutada o convertida en un sentimiento de paz. Asimismo te liberan de la trampa del tiempo, porque te anclan al único instante de poder que posees: el presente.

Capítulo Seis

❧

El lenguaje secreto

Como arte, el amor tiene muchos fundamentos y componentes; un excelente inicio para cualquier persona que no sepa hacia dónde dirigir sus pasos para aprenderlo consiste en asimilar la explicación de su esencia y en conocer el estudio de su estructura que está formada por 4 palabras que curan y que ya conoces. Las palabras originalmente son neutrales y posteriormente adquieren el significado que tu intención les da, así que el hecho de interpretar las palabras en coordinación con lo que es perfecto para ti hará más fáciles tus relaciones. No hay palabras groseras o malas, sólo existe una intención detrás de ellas y es eso precisamente lo que les da un poder. La gran mayoría de palabras necesitan de tu emoción para ser creativas; la insatisfacción que hay en tu interior se manifiesta por medio de palabras, así que ellas representan tu conexión con la expresión creativa de tu alma y por eso tu aprendizaje consiste en darles un mejor uso.

Muchas personas han enfermado y han sentido la necesidad de intercambiar su salud por un sacrificio, por las llamadas ofrendas a la Inteligencia Divina o Ser Superior, y así algunas de ellas se han recuperado de enfermedades catalogadas como incurables; han dejado de fumar, de comer carne, de beber alcohol, Coca-Cola o café, y otras más han entrado en algún grupo religioso o han iniciado una dieta específica. Y aunque estos intercambios en su momento les han ayudado a superar los síntomas y las causas de la enfermedad, la fuerza transformadora siempre fue el sentimiento que evoca la creencia depositada en el intercambio y no el intercambio en sí mismo. Es decir, estas personas creyeron ciegamente en lo que estaban pidiendo y ese nivel de creencia es la razón por la cual ha funcionado. Estas ofrendas, intercambios, sacrificios o pago de mandas (como usualmente les llamamos) tienen su valor, aunque existan métodos más sencillos para ver realizados los sueños. Lo importante aquí es que todo este ritual conlleva a una aceptación, a una rendición que permite que sea la Inteligencia Divina quien defina los tiempos y las condiciones para que se manifieste un sueño o un deseo.

El sistema de creencias que te fue implantado por tus familiares y antepasados controla la gran mayoría de tus actitudes frente a la vida, cada acción tuya va determinada por algo que en tu interior consideras una ley. Así es como trabajas duro para obtener dinero a cambio, sufres porque crees que así lograrás tus objetivos, enfermas porque piensas que a tu alrededor hay amenazas contra las que no puedes hacer nada, envejeces porque crees en el tiempo y finalmente mueres a determinada edad porque supones que así debe ser.

Aunque la creencia y la fe son ingredientes importantes en tu viaje por la vida, la curación por medio de las frases sanadoras utiliza un mecanismo muy simple que silencia las voces del ayer en la conciencia y pone un alto a la lluvia de pensamientos que usualmente te acompañan, por medio del acto de "no pensar". La diferencia entre las palabras sanadoras y los pensamientos radica en que las primeras son claves cortas o llaves que van directo a tu sistema, abriendo las puertas que se encontraban bloqueadas por los pensamientos que están determinados por tu sistema de creencias, implantes o legado de las generaciones anteriores a ti. Los pensamientos, ya sean positivos o negativos, se encuentran atrapados en los tiempos de tu mente o, bien, en lo que ya sucedió que puedas recordar o no, o bien en el futuro planificando lo que vendrá, temiéndole o creando estrategias para dominarlo.

Pensar es crear. Tus pensamientos crean. Eso tal vez ya lo sabes. Un pensamiento es el producto final del trabajo incesante de la mente. La intención es el deseo de hacer algo y es la que motiva al ser humano para emprender sus tareas. Cuando tienes la intención de mejorar tu salud, aprobar un examen, ser ascendida en tu trabajo, conocer al amor de tu vida, etcétera, diriges y enfocas tus pensamientos hacia las actividades que te permitirán lograr tu objetivo, lo cual en esencia es correcto; pero es muy importante aprender que el acto de pensar te desvía del momento presente y es algo delicado; es preciso conocer de dónde provienen los pensamientos para hacer de ellos tus aliados en el proceso de curación.

La palabra *pensar* simboliza al mecanismo que utiliza tu intelecto para traer situaciones o imágenes a la realidad que vives. El hecho de "pensar" (como usualmente acostumbras) te ancla en el tiempo pasado impidiéndote sentir felicidad, porque casi siempre tus pensamientos hacen referencia a un tiempo inexistente que es el ayer, y eso te quita mucha capacidad creativa ante las situaciones que la requieren. El ser humano piensa por naturaleza, así crea dolor y miedo desde siempre, de manera que no es tan fácil dejar de hacerlo. Hay una gran diferencia entre pensar como acostumbras hacerlo y en el hecho de pronunciar conscientemente algunas palabras que te invitan a sentir amor por ti. Cuando piensas normalmente, lo haces por medio de una gran cantidad de imágenes, ideas o palabras que te distraen, y cuando pronuncias una frase o palabra de manera continua, no tienes oportunidad de pensar, sino que estás llevando a tu interior el significado de lo que crees interiormente, con el fin de penetrar un universo totalmente desconocido para la mente pensante. Las 4 palabras que curan son más que un pensamiento, son algo similar a las afirmaciones positivas y actúan como llaves que abren los viejos candados en la conciencia colectiva.

El pensamiento positivo está conformado por tus creencias, por lo que crees que deberías hacer en el futuro, por quien crees que tendrías que llegar a ser en algún momento dado, y piensas de esta manera porque supones que conoces perfectamente tu camino, así que crees saber qué es lo perfecto para ti. Por eso es importante estar pendiente del trabajo mental que se realiza, no hay que dejar que la mente divague sin control, porque es cuando entra el miedo de lo que está por suceder, y un pensamiento que en apariencia es positivo puede ir cargado de miedo. Y el pensador positivo espera algo, espera un resultado, así que si no se produce, se decepciona creyendo que nada funciona para él/ella.

Es claro que pensar positivamente está en un rango superior que pensar sin rumbo, sin control y a expensas de la mente; pero eso no lo es todo, hay que ir un paso adelante para aprender a no pensar. Sólo tú puedes decidir cómo guiar tu mente, porque eres tú quien está a cargo y pasarás por muchas etapas interesantes en tu aprendizaje; una de ellas es la de los pensamientos positivos, es preciso que los pruebes para que así puedas decidir qué es lo mejor para ti.

Pensar positivamente da resultados bajo determinadas condiciones y por eso hay que saber hacerlo. Lo que hace frágil y vulnerable a este esfuerzo de la mente es que casi siempre huye desesperadamente de un pensamiento, para embarcarse en la búsqueda de aquellos tesoros que aún no tiene, y su sentimiento de carencia es tan intenso, que pocas veces se detiene para agradecer lo que posee en el instante presente, de modo que si en algún momento no se llegan a dar las metas trazadas, si no se llegan a realizar sus sueños, el pensador positivo tiende a entristecerse, porque cree que las cosas van mal. Su máximo deseo es llegar a un lugar que no existe llamado *futuro*, donde supuestamente será feliz por haber adquirido un yate, haberse casado o por haberse sanado de alguna enfermedad; así que este pensador vive de un engaño del cual sólo podrá salir habitando este espacio desde donde está leyendo justo ahora, para sentir todos los tiempos a la vez dentro de su ser (pasado, presente y futuro). No hay un lugar a donde el pensador pueda llegar, porque el futuro cambia sólo en el presente y lo hace constantemente; el futuro jamás llegará. Sin embargo, es posible crear afirmaciones positivas apoyadas en la esencia de las 4 palabras que curan, de manera que por medio de ellas se reconozca lo que se tiene, excluyendo el deseo de que las cosas sean diferentes a como son en este preciso instante. Las afirmaciones positivas son más que pensamientos positivos, porque también son llaves que abren puertas hasta el momento cerradas.

Considero importante que pruebes todas las formas de pensamiento que hay y así establecerás tu propia verdad, tomarás conciencia de que el amor te va guiando y suavemente desarrollarás lo que necesitas. Yo he sido flexible conmigo misma en cuanto al uso de frases positivas en mi vida cotidiana, me gusta conocerme, saber qué es lo que mejor me hace sentir, así que sumérgete en todo esto y disfrútalo. Nada es malo, porque todo lo que existe pertenece al mundo que con tus pensamientos has creado para poder vivirlo.

Si en algún momento del día te desconectas del sentimiento que evocan las 4 palabras que curan, puedes sintonizar con ellas nuevamente afirmando frases cortas que las contengan. Esto es mejor que traer a tu presente todo ese cargamento de dolor otra vez. Puedes pronunciar frases cortas que expresen perdón, amor o gratitud y así estarás utilizando de manera especial las 4 palabras sanadoras y podrás mantenerte en paz independientemente de los resultados; apreciarás cada instante por lo que es y es así como notarás la quietud interior que vive en ti. El beneficio más evidente del acto de "no pensar" es tu conexión con la Inteligencia Divina, con la fuente universal de donde emana toda la luz y, por lo tanto, el conocimiento; entonces, en cuanto estás conectada, llega a ti la inspiración, la creatividad, y en ese instante eres alma, espíritu, conciencia pura.

Por otra parte, no se trata sólo de tener fe en las palabras sanadoras (aunque este bello sentimiento nunca está de más), porque las personas que se consideran ateas o no creyentes, también pueden lograr el estado de paz por medio de la práctica de las mismas. Es oportuno tratar sobre este punto, porque la manera en que yo desarrollé este proceso fue simplemente llenando mi vida y mi Ser con gratitud, con perdón y con amor; por lo tanto, no sentí necesidad alguna de tener fe; para mí significaba algo parecido a probar una comida extranjera, ante lo cual sólo tenía que dejarme guiar por mis sentidos. En mis prácticas sucedió eso mismo, reconstruí mi relación conmigo misma hablándome como si fuera mi propia madre, amándome por mis errores, por todo lo que consideraba equivocado en mí, apoyándome en mis caídas. Tiempo después la fe apareció.

El acto de eliminar los recuerdos que se logra pronunciando las frases sanadoras trasciende el tiempo, porque aparte de regenerar tu sistema celular, te ancla en el momento presente, te ubica en el espacio, impidiendo así la reproducción de la vieja película de tu vida, que es la causa de todos tus problemas. Te sugiero que conectes con tu Ser internalizando las 4 claves hasta que sientas su eco en ti, hasta que sientas que estás en casa, lo cual significa que estás comunicándote con tu Ser Superior. A esto se le llama *no pensar*. Y a las palabras que permiten el "no pensamiento" se les llama *claves* o *llaves*, porque viajan hacia el ADN humano, transformando completamente su estructura y su respuesta.

El libro *Un curso de milagros* dice: "La oración es el vehículo de los milagros". Y la oración está conformada por palabras y por ese lenguaje tan tuyo que nos permite comunicarnos, un lenguaje que tal vez hemos subestimado para poder valorarlo ahora, que una vez más vuelve reestructurado para cambiar nuestros esquemas preestablecidos y contribuir así con el equilibrio universal.

Capítulo Siete

❧

Las respuestas de tu cuerpo

Hace algunos años, un científico japonés, el doctor Masaru Emoto, demostró de qué manera el agua es sensible a los pensamientos, a las intenciones y a las vibraciones. Para ello se dedicó a recolectar muestras que tomaba de diferentes lugares, con el fin de analizarlas bajo el microscopio mediante el proceso correcto. Así fue como pudo analizar pequeñas cantidades de agua de fuentes de agua bendita, de un charco, de una cascada, agua expuesta a palabras amorosas, así como a expresiones de odio; tomó muestras de agua que expuso a la música de Mozart o a la música con sonidos estridentes y perturbadores; expuso el agua ante grupos de personas orando y ante muchas otras situaciones. Todas las muestras fueron congeladas, posteriormente analizadas y fotografiadas en su proceso inicial de descongelación por medio de un microscopio especial.

Los resultados no se dejaron esperar. El agua extraída de las fuentes de agua bendita, de una cascada, expuesta a palabras de amor, a la música de Mozart o a grupos de oración daba como resultado hermosos cristales hexagonales, mientras que el agua de un charco, o expuesta a palabras de odio, o a la música con sonidos perturbadores arrojaba formas inconexas y desagradables. Fue sencillo llegar a la conclusión de que las vibraciones (o sea, la energía que emana de ti cuando tienes un impulso, un deseo o un pensamiento), intenciones o pensamientos influían en el agua de manera positiva o negativa, ya que permitían la creación de cristales hermosos o formas desagradables a simple vista.

Entonces se hizo una pregunta importante: "Si nuestro cuerpo está formado por sesenta y cinco por ciento de agua, ¿le estamos haciendo daño cuando pensamos de cualquier modo?". Por supuesto que sí, porque crearemos cristales feos o sea células débiles. Me he permitido interpretar la formación de hermosos cristales en el agua con células trabajando armónicamente en el cuerpo; estos bellos cristales son un símbolo de la actividad que tiene lugar en el ser humano cuando la mente realiza cambios significativos en sus procesos cotidianos, cuando modifica su diálogo consigo misma y por supuesto cuando recupera su poder interior.

Cada vez que traes algo o alguien a tu mente, extiendes un cordón energético lo suficientemente fuerte y elástico como para que no se rompa durante el proceso. Este cordón transporta tus intenciones, ideas, pensamientos y por lo tanto contiene tu energía vital. Es así como te conectas con los demás seres humanos, animales, plantas, objetos o lugares; así es como se desarrolla la telepatía, que es la transmisión consciente del pensamiento de una persona hacia otra; es por esto que conformamos una inmensa red humana que crea situaciones, condiciones, objetos o vida a nivel individual y colectivo por medio de nuestros pensamientos y emociones.

Esto quiere decir que no trabajas aisladamente, en ningún momento estás sola cuando haces una oración; cada vez que haces una plegaria te unes a todos los seres que están en la misma frecuencia que tú; de la misma manera sucede cuando meditas, porque te unes energéticamente a todas aquellas personas que están meditando, añadiéndole más poder y más conciencia a tus peticiones o agradecimientos. Si por ejemplo, eres parte de una experiencia colectiva difícil, puedes comenzar a regalarte más amor a ti misma como has aprendido en este libro y dentro de poco tiempo sabrás que ese sentimiento hizo contacto con miles de personas a tu alrededor y que todas ellas crearon una misma fuerza capaz de sanar la situación hostil que estaban padeciendo.

El nuevo tiempo abre muchas más opciones para descubrirte y para conocer tu conciencia, porque te permite establecer en dónde se encuentra la verdadera nutrición, cómo sanar desde tus raíces, te permite aprender cómo funcionas realmente para que no te engañes con las creencias o mitos con los que creciste. Una vez que conoces el poder de las palabras en tu espíritu o en tu cuerpo, monitoreas lo que sientes, lo que expresas y vigilas tu mente de tal manera que no divague y se pierda entre temores o angustias.

La pronunciación de las palabras sanadoras va más allá de tu sistema de creencias. Sea cual sea la doctrina religiosa que profesas o tus dogmas, existen en tu ser siete centros de energía, siete puntos vitales que te conectan con la energía universal y que trabajan en coordinación con tus pensamientos, recibiendo y enviando información en forma de energía, que es lo que finalmente incide en tu salud física y mental. Estos centros o vórtices de energía reciben diferentes nombres y, aunque no podamos verlos, su existencia está más que comprobada desde tiempos inmemoriales. Cada intención, pensamiento y palabra pronunciada, beneficia o altera su funcionamiento, generando sensaciones inequívocas de que la energía en tu cuerpo ha sido restaurada o interrumpida, es por eso que puedes llegar a sentirte en perfectas condiciones o muy enferma, muy tranquila o demasiado agitada.

Capítulo Ocho

ℰℬ

Palabras gatillo

Las 4 palabras que curan también pueden definirse como *gatillos*, esto significa que al pronunciarlas, tu intención penetra las capas profundas de tu conciencia activando una respuesta. Es tanto como si le dieras a tu cerebro la orden de lavar tus dientes y tu brazo se activara, tomando la crema dental, el cepillo y todo lo necesario para ejecutar la orden recibida.

También hay otro tipo de palabras gatillo; por ejemplo, si alguien te dijera "eres una chica tonta", esto podría activar un recuerdo desagradable, ocasionando que automáticamente tu brazo se levante y en cuestión de segundos una bofetada cruce el rostro de quien aparentemente "te ofendió". Eso es lo que significa una palabra gatillo. La intención también es un gatillo, y con el paso del tiempo aprendes que eres tú quien determina qué respuesta se activará al escuchar determinadas palabras, ya que la mayoría de ellas son gatillos que activan diversos registros.

Las palabras sanadoras que expongo a continuación son las que he usado y forman parte de mi experiencia personal. Con cualquiera de ellas podrás restaurar el equilibrio perdido en tu cuerpo físico o en tu espíritu; con su pronunciación podrás cubrir de energía divina aquellas partes olvidadas de tu Ser.

Lo siento

Cuando dices *lo siento*, manifiestas un sentimiento que te exhorta a corregir una situación que ante tus sentidos aparece como un problema. Cuando pronuncias *lo siento* para alguna persona o para alguna situación, estás reconociendo la unidad de la cual eres parte y eso te permite comprender que tus intenciones, así como tus pensamientos, han creado un instante doloroso para alguien que está entrando en tu realidad. De esa manera te unes al ser que está dolido, te unes con aquello que parece estar fuera de ti, manifestando que reconoces que su dolor también es tuyo y que también te estás ayudando a ti.

Esta frase te permite guiar tu espíritu hacia el nivel de la compasión, que en su significado más altruista quiere decir que has integrado en ti aquel pensamiento que está contribuyendo al dolor de ese ser humano al cual observas en dificultades. Estás "recibiendo" un aspecto doloroso del mundo que ves "allí fuera" en el sistema, lo que te permite entrar en ese espacio real en el que tu voz es la misma voz de todo el Universo.

Lo siento es la transformación del "Tú" en "Nosotros" y es la declaración de que "Yo Soy en ti y Yo Soy en mí" o "Yo Soy aquí, Yo Soy allí". Es así como expresas tu intención por corregir o deshacer aquello que te afecta directa o indirectamente.

Esta frase es un excelente comienzo para borrar un recuerdo de tu conciencia, es una oportunidad para mejorar una situación que en tu concepto está equivocada o que lamentas que hubiese ocurrido. Si la utilizas siempre, estás abriéndole paso al perdón, a la humildad y a la sabiduría. Recuérdalo la próxima vez que vayas caminando por la calle y veas un mendigo en la acera; también tenlo en cuenta al observar una mujer que no puede caminar o cuando vayas a visitar a alguna persona en un hospital; cuando veas en la televisión o escuches en la radio una noticia que afectó profundamente la vida de alguien. Utiliza la frase *lo siento* cuando creas que has maltratado a alguien, cuando te consideres equivocada, cuando te sientas enojada contigo, cuando las cosas aparentemente no estén saliendo bien, cuando te sientas sola, desprotegida y aun cuando te sientas sin Dios.

Perdóname

Aunque el orden de las frases es irrelevante, la palabra *perdóname* se pronuncia después de *lo siento*, porque por medio de ella liberas y dejas ser lo que estaba atrapado en un inicio. Al pronunciar esta palabra, estás invocando la esencia del perdón, a esa parte de ti que otorga el permiso interno de transmutar un error en perfección, para que la oscuridad sea convertida en luz. La palabra *perdóname* es una petición de auxilio que le haces a tu Ser Superior para que te ayude a perdonarte a ti misma. Este punto es importante, porque cuando eras niña aprendiste que al pronunciar esta palabra le estabas pidiendo a alguien que te perdonara sin saber que te estabas hablando a ti; ahora ya sabes que eres tú quien tiene que perdonarse, porque la Inteligencia Divina ya te ha perdonado, o mejor aún, no tuvo necesidad alguna de perdonarte, porque sólo concibe la Creación desde el momento presente y, visto desde esa óptica, el perdón carece de sentido para Él/Ella. Esto puede demostrar que el único problema que tienes es el hecho de no poder perdonarte por todo lo que has creado. Cuando dices *"perdóname"*, estás hablándote a ti misma, dirigiéndote a esa parte sagrada que reside en ti, con el fin de ponerte en paz perdonándote completamente, y esto incluye a todo ser vivo que necesite perdonarse o ser perdonado.

Esta necesidad aparece porque cada pensamiento de crítica hacia alguien más ha generado culpa y deseo de castigo; entonces, como no hay separación entre aquellos que merecen tu crítica y tú, pues te vas haciendo acreedora al mismo castigo que has elegido para ellos.

La palabra *perdón* se ha "gastado" a nivel cultural, porque se ha alterado su verdadero concepto, y a raíz de esto tal vez hay quien piense que perdonar es "ser buena" con alguien más, que es dejar de castigar a una persona externa a ti que ha actuado de manera equivocada. Este concepto del perdón hace que permanezcas separada de todo lo demás y, más aún, te hace víctima de situaciones o de personas que consciente o inconscientemente creaste. En algún momento tendrás que aceptar que la vida se vive detrás de tus ojos y que eres tú quien siente, porque sólo se trata de ti y de tus creaciones, dentro de las cuales está este libro y todo aquello que llegue a tus sentidos. Esto es bastante lógico, lo que sucede es que causa algo de miedo enfrentarlo, porque te preguntas: "¿Soy yo la responsable de todo lo que siento?".

Por esto, perdonar a alguien ahí fuera es perdonarte a ti. Culparle es culparte a ti, y si te culpas, necesitarás un castigo; si te castigas habrá más dolor. Cuando pronuncias *"lo siento, te amo"*, fluyes y nada de esto importa realmente; es delicioso descansar así la mente. Vale la pena perdonar.

Todo lo que me ha ofendido, lo perdono.
Lo que me ha hecho sentir disgustada, resentida
y desgraciada lo perdono. Interior y exteriormente,
lo perdono. Lo pasado, lo presente y lo futuro, lo perdono.

Catherine Ponder

Te amo

La frase *te amo* proviene del sentimiento más sanador de la Creación; sólo el amor permite que el miedo pueda ser transmutado y que sea comprendido como lo que es. Cuando dices o piensas la frase *te amo*, estás aceptando tu realidad como parte de la perfección y asimismo estás fluyendo para atraer a tu vida más amor del que te estás dando. El amor que sientes por ti misma es el principal nutriente de tu sistema celular y cuando este sentimiento falta, la enfermedad se apodera del cuerpo, y cuando las células enfermas no reciben la dosis diaria de este sentimiento, ningún alimento o medicina, por más componentes que contengan, podrá lograr que recuperen su salud. *Te amo* envuelve a las demás palabras curativas y es la energía que circula por todos aquellos espacios hacia donde la intención le va guiando y de ellos va extrayendo todo lo que no corresponde o vibra con ella. Esta energía limpia, purifica, desatasca y libera del ser las emociones que le mantienen atado al dolor. El amor elimina la distancia que había entre tú y yo, así como también permite que nos expresemos en términos de "Tú" sin excluir al "Yo", de manera que este sentimiento tiene la propiedad de calificar como perfecto y como correcto cualquier procedimiento humano o cualquier experiencia vivida.

La frase *te amo* o *me amo* es tan poderosa que puedes usarla sin pronunciar las demás y notar resultados magníficos. Esta frase por sí sola puede borrar cualquier recuerdo por muy doloroso que sea, puede restaurar y energizar tu cuerpo, reconstruir la relación que habías perdido contigo misma y, además, puede sanar todas las vidas en las cuales te encuentras presente de manera simultánea.

He tenido experiencias tan agradables con las personas lectoras de mi blog, que cuando comencé a escribir sobre las palabras sanadoras, ellas se integraban y se conectaban tan fácilmente conmigo de modo que en las despedidas de sus comentarios casi siempre incluían la frase *te amo*, modificando en esta forma la idea de que esta frase sólo se decía entre personas enamoradas. Así comenzamos a decirnos *te amo* en cada carta y en cada comentario sin darnos cuenta. Algunas personas un tanto ajenas a nuestros procesos de perdón llegaban causalmente al blog, leían estas hermosas palabras y me preguntaban el porqué; entonces yo les explicaba que estábamos sanando algunos recuerdos que nos unían por medio del amor. Sin ser del todo conscientes habíamos comenzado a cambiar nuestro mundo, nuevos conceptos florecían, muchas vidas se transformaban; en verdad la frase *te amo* empezaba a regalarnos sus frutos.

El amor expresado a través de las 4 palabras es la vía hacia el proceso de transmutación, que es la sustancia que convierte el plomo en oro o los sentimientos destructivos en energía divina, que es la misma alquimia según los antiguos. Al pronunciar o al sentir las palabras *te amo,* estás aceptando que cualquier síntoma, enfermedad, error, negatividad o imperfección forman parte del todo y que son uno en ti, que eres el origen y el fin, el alma detrás del rostro hostil de los que habías catalogado como enemigos, eres lo claro y lo oscuro, las lágrimas que preceden la risa, la oscuridad que anuncia la mañana y por tanto eres uno con tu Ser Superior.

Gracias

La gratitud es un sentimiento sanador por naturaleza. Cuando dices *gracias* desde tu corazón, estás eliminando los problemas de tu vida. Te estás adelantando con verdadera conciencia al momento en el cual tus deseos han sido concedidos. Si al sentirte mal, recuerdas agradecer esa sensación, ese instante y las causas de tu malestar, entonces lo que estás haciendo es transmutar de manera inmediata todo lo desagradable en bienestar, en amor, en paz. Si manifiestas gratitud, ¿qué problema hay? Ninguno. Estás reconociendo la perfección del Universo y estás tomando conciencia de que tus emociones y sentimientos se sincronizan, se equilibran con todo lo que sucede a tu alrededor, así como con todos los demás seres del mundo. Agradecer es transmutar, es reconocer la existencia de la Inteligencia Divina en ti. Por eso mismo, al sentir gratitud, también experimentas paz, y así es como despiertas tu capacidad natural para fluir.

Este sentimiento tiene un poder extraordinario, porque modifica lo que tus sentidos perciben, y es entonces cuando aquellos objetos, sensaciones, situaciones difíciles o enfermedades pasan a formar parte de lo inexistente. Es posible sanar el cuerpo sólo con pronunciar la palabra *gracias*. Simplemente así. Sin requisitos, sin exigencias, sin reglas. Cuando eres consciente de que tus síntomas son una oportunidad maravillosa para cambiar y dejas de considerarlos una sentencia de muerte, te estás amando incondicionalmente; cuando sientes gratitud por todo lo que sucede en tu vida, incluyendo el malestar ocasionado por esa enfermedad, es cuando dejas de esperar resultados, porque vives en un estado de gratitud por lo que ya es; entonces no tienes tiempo para sentir ansiedad, tampoco sientes preocupación o miedo de que algo salga mal; así que no encuentras impedimento alguno para experimentar una salud que ya es tuya. Cualquier momento es perfecto para transformar una enfermedad en una bendición. La gratitud es una puerta hacia mundos tal vez desconocidos; expande tu conciencia y te exhorta a salir de la ilusión que representan tus problemas, dudas y resistencias para sanar.

Si en algún momento, por esas cosas de la vida, te encuentras con tu automóvil averiado en la mitad de una carretera, no lo lamentes; si giras la llave y no puedes encenderlo, entonces di *gracias* y hazlo de corazón, siente gratitud por un momento difícil, porque podría ser peor. Tal vez te preguntes: "¿Y qué podría ser peor que estar aquí en pleno sol y con prisa por llegar a mi destino?". Yo creo que muchas cosas podrían estar peor en tu vida y, sin embargo, no lo están. Pero ése no es el punto, si estás leyendo este libro es porque tienes la firme intención de modificar todas las actitudes que te han hecho ver la vida en blanco y negro, así que toca a tu corazón con la palabra *gracias* y espera. Después haz lo primero que consideres conveniente para salir de ese lugar, con mucha tolerancia, con paciencia hacia ti. Te aseguro que llegará la solución y sabrás que fue por tu sentimiento de gratitud.

En alguna ocasión Sofía y yo decidimos ir en nuestro carro a pasar un día de campo a un hermoso río que está ubicado fuera de la ciudad; llevábamos todo lo necesario para comer y beber, pero repentinamente, en una subida de la carretera, el carro (al cual llamamos "Grinch") se sobrecalentó. Esto en primer lugar nos asustó, porque no estábamos acostumbradas, aparte de que el taller más cercano se encontraba lejos. Así que lo primero que pensé fue en sentirme agradecida por ese sol hermoso que nos cobijaba, por el agua cristalina que estaba mirando, por los deliciosos manjares que llevábamos, por la compañía. Sofía hizo lo mismo. Juntas dijimos: *"Gracias"*. Bajamos las cosas del carro y un señor muy amable se acercó para saber qué sucedía con el Grinch; lo observó, trajo agua y se la puso al radiador. Dejamos que el carro se recuperara y disfrutamos del paseo en medio de cuentos y risas con la complicidad de un río cristalino que nos hacía compañía. Al regresar, el Grinch estaba muy bien, fuimos con el mecánico y nos dijo que se encontraba en perfectas condiciones; de hecho, nos llevó fuera de la ciudad, hacia las montañas que conducen a San Luis Potosí, donde cualquier carro en malas condiciones podría sobrecalentarse, pero el Grinch estaba funcionando al cien por ciento. Estoy segura de que nuestra actitud agradecida cambió el curso de los eventos ese día y modificó muchas actitudes nuestras a los retos de la vida diaria. Lo que obtuvimos de ese momento difícil fue tan valioso que incluso tú llegaste a saberlo.

Cuando das las gracias con todo tu ser por una salud que crees no tener, por la abundancia que no ves, por la paz que te hace falta y por el amor que nunca tuviste, estás dando un salto hacia la manifestación de tus deseos; estás reconociendo que todo ya te ha sido dado, estás permitiéndote recibir y también estás acelerando los procesos que crean tu realidad, porque simplemente la aceptas como es y por lo tanto tu sentimiento de carencia cambia, tu duda se desvanece, tu amor aumenta. *Gracias* es una palabra mágica que te saca de la ilusión para guiarte hacia la única realidad que te hace bien. Si en algún momento te has dado cuenta de que no has sido agradecida, si te sorprendes pensando en reproches, quejas y lamentos, agradécelo también. La gratitud es sinónimo de perdón y es también tu mejor oración a Dios.

Las 4 palabras que curan son necesarias en nuestros procesos diarios porque nuestra mente humana, falible, las necesita. Creamos un mundo que es necesario reinterpretar para poder vivirlo de manera digna. El amor es un regalo que se nos dio para corregir las ilusiones de nuestra mente consciente y cada palabra curativa va dirigida hacia tu propio Ser; cuando las pronuncias, te estás hablando a ti misma con el único lenguaje que escucha tu cuerpo realmente.

La Inteligencia Divina dijo: "Hombre, ahí tienes al mundo, ya es perfecto así como lo ves, sé uno con todo". Entonces, el hombre calificó al mundo, calificó la vida y creó dos etiquetas: malo y bueno, de manera que siempre quiso ser bueno porque aborrecía lo malo, así que el Ser Supremo, viendo su desdicha, nuevamente le dijo: "Hombre, ahí tienes 4 palabras sanadoras para que borres o limpies lo que consideras malo". Y el hombre empezó a limpiar.

Capítulo Nueve

&

La luz del alma

He introducido este capítulo sobre el alma para ampliar aún más tu conciencia en relación con la curación, porque es importante que sepas de qué estás hecha, así como qué o quién es ese ser que ahora está mirando detrás de tus ojos.

El alma es la esencia de todas las cosas, es el espíritu de todo lo que se ha creado. La existencia está comprendida por esa sustancia que rodea seres y objetos independientemente del tiempo y el espacio donde se encuentren. Todos los seres vivos pertenecemos a esa única alma o sustancia que se encuentra individualizada en cada ser humano, en cada animal, planta u objeto. El océano es un hermoso ejemplo del alma, así como cada una de sus olas, las cuales se saben parte de una misma esencia, aunque se distribuyan individualmente por lapsos; todas a la vez sirven al propósito general que es ser el océano, ser agua y, por lo tanto, una parte del equilibrio de la Tierra. Aunque unas olas sean más grandes que otras, esto no las hace sentirse separadas, ni diferentes, ni en desventaja; ellas son la ola y también son el mar. Ésta es una analogía del aspecto real del ser humano, el descubrirse como una energía luminosa que rodea e integra toda la creación y que aunque es una sola, se encuentra distribuida entre determinada cantidad de seres y eso le permite fundirse permanentemente con todo lo que percibe.

Ahora bien, este concepto del alma, así como todo aquello que contribuya a ampliar tus conocimientos respecto de quién eres, te llevará a comprender que tu alma no está circunscrita a tu cuerpo y que si salieras temporalmente de él y lo dejaras aquí dormido (como le ha sucedido a muchas personas), tal vez te preguntarías cómo regresar a un cuerpo minúsculo como el que puedes observar desde donde estás en esencia. Tu alma es universal, es eterna e intemporal.

Hay separación cuando crees que no tienes nada que ver con los conflictos o situaciones del resto del mundo; cuando te percibes lejana de todo lo que ocurre, porque piensas que no lo causaste. Es por esta razón que sobrevienen el dolor y la muerte, ya que al considerarte un ser independiente de todo lo que existe, se origina en ti el pensamiento autodestructivo, que todo lo condena y que a su vez propicia la destrucción de todo lo demás, porque trabaja de manera aislada acumulando recuerdos o resentimientos acerca de las personas que ves separadas de ti. Esta distancia entre unos y otros es una creación de la mente humana, con el fin de que el ser humano pueda aprender, experimentar, vivir, curar, y así como la mente humana está condicionada a experiencias dolorosas que llamamos *errores*, también tiene la facultad de iniciar un proceso de corrección, con el fin de recrear una realidad diferente que permita al ser humano la estabilidad emocional que tanto anhela.

No obstante, con todo y errores, se puede afirmar que la mente humana es en cierto modo una manifestación de la Voluntad Divina, porque el error del intelecto es un paso obligatorio en la rueda de la vida. Así que en tu pensamiento, en tu llanto, en tu queja, en tu lamento, en tu grito, también está implícita la voluntad del Ser Supremo. El alma universal, el alma de todas las cosas, no tiene acceso a la clasificación de los sucesos en malos o buenos, y lo que ocurre simplemente es incalificable, incuestionable y relativo; esto incluye todas tus actitudes, tus intenciones y pensamientos. El propósito del alma o espíritu es corregir la separación para conectar con el Ser Supremo, con el fin de que sea posible la perfección que nada califica, nada cuestiona, nada condena.

La unidad es una de las bases del proceso de corrección de todo aquello que consideras errado o imperfecto; en cuanto puedes verte a ti misma como un sistema único, como una pieza que está elaborada de la misma energía que todo lo demás, es más fácil para ti el hecho de vivir. El observarte como todo un sistema que permanentemente se relaciona con lo que ha creado en su mente (situaciones, personas, animales, demás seres y objetos) te impide continuar siendo víctima de algo o de alguien, te otorga un poder infinito y te da una libertad sin límites. No es fácil llegar a este punto, porque estás condicionada para sentirte oprimida por el pie gigante de un dios castigador y por la maldad de otros seres humanos. Tal vez no sepas que estas creencias te ponen en desventaja, porque al estar distante de todo, al creer que tienes enemigos, tiendes a defenderte atacando y cuando haces esto, es tu cuerpo el que también reacciona al ataque recibido y lo hace de muchas maneras, una de ellas es por medio de la enfermedad.

Cada vez que a tu mente llegan pensamientos de temor, rechazo, rencor, envidia o egoísmo hacia otros seres, también lo estás sintiendo hacia ti misma, te estás autocriticando, y también estás impidiendo que una parte tuya pueda curarse. Si al contrario de esto, te reflejas en los demás como si fueran partes de tu propio ser, entonces estarás haciendo algo hermoso por ti. Al formar parte de una unidad y al convertirte en ella misma, vas diseñando el pasado, el presente y el futuro del planeta con tu inspiración y ésta a su vez se fusiona con la inspiración de cada ser vivo en el espacio-tiempo; por lo tanto, te alimentas de lo que vas generando cada vez que amas, los demás seres humanos se nutren de ello y este ciclo vuelve a comenzar una y otra vez.

Para considerarte un sistema integral, un ser que es uno mismo con la Creación, es preciso que dejes de luchar, que abandones la idea de perseguir a la vida para que te entregue sus regalos. Las 4 palabras que curan son un poderoso bálsamo para el alma cansada de luchar y para quien está lista para emprender un viaje tranquilo hacia el interior de sí misma. Cuando se experimenta la quietud que hay en la entrega, la lucha deja de ser importante para ti, porque no viniste aquí a luchar, sino a amar, y si voy más allá, puedo decirte que escogiste ser el mismo amor, sólo que has tenido que ocultarte. Tú eres el amor detrás de una máscara de miedo y sientes miedo porque crees tener un mundo lleno de problemas, pero en cuanto decides que es el momento de hacer algo por ti, cuando las 4 palabras que curan tocan tu puerta y las asimilas, las digieres, las aceptas sin mayores explicaciones, entonces tu mundo problemático se convierte en lo opuesto y de un momento a otro todas las personas a tu alrededor tienen una maravillosa actitud hacia ti y parece que el planeta con sus habitantes te estaban esperando, porque eres bienvenida en todas partes y te sientes en paz, tal vez sin tener mayores motivos, te sientes bien sólo por el hecho de vivir. En ese instante has admitido ser la ola que es una con el mar, has comprendido que eres otra yo y que tu alma se expresa a través de la naturaleza y de la vida con todo lo que contiene.

La Inteligencia Divina de la cual eres parte te ha proporcionado diferentes alternativas para reunir nuevamente los trozos de alma que has dejado perdidos en el tiempo por causa del dolor emocional que has sentido cada vez que te percibías como víctima de la vida. Una de estas alternativas es estar pendiente de todo lo que procesa tu mente, practicar siempre que puedas la pronunciación de las 4 palabras que curan y que te enseñan a dejar atrás a la víctima que llevas dentro.

Capítulo Diez

❧

Cien por ciento responsable y libre

El primer paso en tu proceso de curación es comprender lo que significa ser cien por ciento responsable y llegar a sentirlo. No es fácil tomar la responsabilidad de lo que te desagrada, porque la acción de depositar en los demás la culpa de tu dolor te libera (aparentemente) de llevar una pesada carga tú sola y por eso la dejas en manos de alguien que pueda llevarla o compartirla contigo. Admitir la responsabilidad por todo lo que ven tus ojos requiere que en verdad estés lista para modificar tu vida; esto no se trata de una "prueba" a ver si funciona, es sólo para ese instante en el cual estás preparada para "despertar", y una vez que te dices a ti misma que ha llegado el momento de dejar atrás toda la miseria, la pobreza espiritual, así como la negatividad, es cuando puedes enfocarte en tu trabajo interior.

La clave de la curación se encuentra en comprender y asumir el significado de la palabra *responsabilidad*, que finalmente es sinónimo de *libertad*. No me refiero a ser responsable del pago de las cuotas de la hipoteca o la mensualidad del colegio de tus hijos o familiares, así como los demás compromisos de tu vida cotidiana; me refiero a ser responsable por cada situación incómoda que llega a tu vida, a la acción de asumir tu protagonismo en cada evento desagradable que llega a tus sentidos. Observa lo que posiblemente ocurre contigo: tienes una discusión con alguien, te sientes muy mal, ofendida, enojada, dispuesta a todo y, sin embargo, crees que no tienes nada que ver en el asunto, casi siempre decides que la otra persona es totalmente culpable, que cometió un error grave y muchas cosas más, aunque seas tú quien en ese instante tiene su mundo al revés. Esta actitud tan humana y poco coherente hace que cedas tu poder a alguien más, significa que te quedas totalmente desprotegida y frustrada reprimiendo el enojo. Lo que ahora aprendes es que todo esto es parte de una respuesta automática de tu Ser, para "protegerte" de lo que podría significar hacerte cargo de una situación que consideras externa a ti; por favor no te culpes si has actuado de esta manera, sólo reconoce que si algo te ha lastimado, entonces tienes que hacerte cargo para poder superarlo, sólo así lo podrás lograr.

La idea es que te hagas cargo de tus sentimientos y no de las demás personas. Esto suena muy bien y en realidad lo es por una razón: son tus pensamientos los que califican como dañina o perjudicial una situación, no son los pensamientos por sí solos, no son las personas que te rodean, es la manera que tiene tu mente de internalizar una respuesta recibida. Tu recepción de respuestas puede ser guiada por medio de las siguientes ideas en las cuales se asume la responsabilidad total de lo que se está sintiendo:

Un pensamiento erróneo mío me ocasionó esta sensación.

*Es mi propio concepto de algunas situaciones
lo que me lleva a padecerlas.*

*Soy cien por ciento responsable de mi situación,
no importa cuántas personas yo crea que están involucradas.*

Con cualquiera de las tres formas que escojas, estás asumiendo la responsabilidad de haber creado algo a nivel inconsciente y, por lo tanto, dando el primer paso hacia su corrección, si hubiese necesidad de la misma. Ser cien por ciento responsable de tu vida quiere decir hacerte cargo de limpiar tu mente del viejo hábito de excluirte de un problema cuando quien se siente mal eres precisamente tú, y para lograr el cambio que te permitirá sentirte responsable, tomas conciencia de la importancia que tienen tus pensamientos a nivel global y que por lo mismo eres la creadora de todas tus experiencias. El hecho de comprenderlo te otorga la facultad de deshacerlas como si fueran una ilusión.

Si hasta este momento te es posible unificarte con todo lo que existe, entonces asimilas el hecho de que el dolor, la ira o el miedo de alguien es una creación del sistema que tú eres; en otras palabras, lo que a tu vida llegue es producto de tu pensamiento y por lo tanto necesita ser aceptado por ti por medio de la responsabilidad.

Milena es una mujer joven que conocí en uno de mis cursos, ella había comenzado a tener problemas con su esposo, porque él le era infiel y parecía que se encontraba cada vez más aferrado a esa relación extramarital, por lo que ella me preguntó si al practicar las palabras sanadoras, su esposo dejaría esa relación definitivamente. Yo le respondí que el proceso de liberación que estaba a punto de iniciar se ocuparía de proporcionarle a ella la paz que tanto necesitaba para retomar su vida de nuevo, sin depender de las decisiones de él, y que esto sucedería porque su propia manera de ver las cosas tendría cambios importantes. Le expliqué también que la misión de las palabras sanadoras es deshacer un error y que ella desconocía cuál era el verdadero error, por lo que no podría esperar nada en concreto, simplemente debía ponerse en paz consigo misma para que la situación tomara el rumbo perfecto para los implicados. Su tarea era comenzar a vivir para ella, aprendiendo a satisfacer sus necesidades, ordenando sus prioridades, aceptando los cambios y sobre todo amándose por estar en esa situación. Ella posteriormente descubriría que el verdadero secreto reside en no esperar nada de los tratamientos con amor, porque eso elimina todo rastro de ansiedad, duda o preocupación; si hay amor, no se precisa nada más. La historia de

Milena tuvo el desenlace que ella deseaba, sus cambios internos finalmente propiciaron que su esposo dejara la otra relación y que volviera con ella para continuar viviendo juntos.

A veces te encuentras tan ocupada pensando y pensando, que no sabes dónde encontrar las causas de tus errores, las causas del malestar y la dolencia, pero la verdad es que no tienes que saber dónde está. No sería sencillo hallar la causa principal de todo lo que te sucede, porque jamás acabarías, tendrías que llegar tal vez al inicio de la humanidad o antes para descubrirlas, podrías llegar a preguntarte qué fue primero si el huevo o la gallina. No te ocupes de las causas, porque las palabras sanadoras son un radar que actúa por sí solo, o sea que no necesita de tu intelecto para buscar huellas de dolor en tu vida.

La responsabilidad es libertad, porque te da el poder de elegir; tal vez muchas personas no están lo suficientemente despiertas a su evolución como para poder elegir, y es por eso que no puedes apoyarte en los demás para vivir tu propia experiencia; es importante que quien tome las riendas de tus sentimientos seas tú misma. Todo esto te lleva a conclusiones muy prácticas, como el hecho de tratarte con mayor tolerancia si los primeros pasos no son fáciles de dar, aunque no comprendas del todo tus procesos, aun la más pequeña equivocación contiene una huella de lo Divino. Si analizas un poco la historia universal, puedes notar que aquellos actos más crueles e impuros vieron el nacimiento de nuevas doctrinas y de seres humanos dispuestos al cambio; entonces esos errores que consideras imperdonables encajan en tu proyecto de vida y, por ejemplo, actos como el de infidelidad que protagonizó el esposo de la mujer que mencioné en párrafos anteriores puede significar para muchas personas algo pecaminoso, abominable e imperdonable, mientras que para otras puede convertirse en un suceso que sincroniza las vidas de más seres con los cuales existe una conexión, o este suceso tal vez puede simbolizar una oportunidad para el acercamiento entre una pareja, o quizá pueda tomarse como una lección valiosa a nivel personal; todo depende de hasta qué punto estés decidida a llegar para dejar de sufrir, todo depende de la cantidad de dolor que requieres para seguir viviendo, lo cual continúa siendo una elección muy tuya. Ten en cuenta que lo que para ti es un error, para otras personas puede ser algo perfecto. Culturalmente esto es algo que puedes comprobar.

El amor se experimenta cuando se es cien por ciento responsable.
Su práctica constante modifica dentro de ti la raíz de un suceso
que consideras doloroso, en ningún momento cambia a los
demás, ni siquiera a tu mascota, ni siquiera a los objetos.
Quien cambia su manera de percibir eres tú, sólo tú.

Las situaciones dolorosas de la vida provienen de aquellos pensamientos tuyos que reciclan el ayer, es por esto que tus sentidos te ofrecen un mundo que no es real, porque se apoya en aquellas vivencias no resueltas que regresan en múltiples formas para recordarte que es necesario sanarlas. Estos recuerdos, conscientes o no, en ocasiones toman la forma de tus seres queridos, haciendo que ellos adopten conductas no deseadas. Cuando adquieres la responsabilidad de haber creado cada uno de los eventos o situaciones que se manifiestan ante tus sentidos como desagradables, automáticamente te llenas de la fuerza que puede mover al mundo. Y para mover al mundo necesitas establecer tu posición en relación con él. Ubícalo en ti.

La Gran Verdad, la Verdad Universal, la verdad que encierra todas las respuestas es aquella en la cual crees; por eso puedes modificar tu mundo a tu antojo en cualquier momento que lo desees, alterando tu sistema de creencias. Cualquier camino que elijas te guiará hacia nuevas rutas que, por muy empinadas o intransitables que parezcan, te llevarán hacia delante en tu evolución. Elegir es tu derecho y eres libre de hacerlo. De manera que si el mundo es una parte que se funde contigo, que está en ti, entonces me siento feliz por pertenecer a ese mundo tan tuyo.

En alguna ocasión tuve una hermosa conferencia en un lugar mágico llamado El Cielo, cerca de un pueblo de calles angostas llamado Gómez Farías, en Tamaulipas, México, y la conferencia tuvo como escenario una hermosa noche estrellada con treinta y cinco asistentes que se reunieron en el verde césped para escucharme. En el momento indicado para preguntas y respuestas, del que siempre dispongo, una señora me preguntó: "Físicamente hablando, yo veo al mundo muy extenso, demasiado grande. ¿Cómo puedo ubicarlo dentro de mi ser dado su tamaño?".

Esta pregunta me encantó, porque me permitió explicarle a la señora que todo lo que existe en el mundo está hecho del mismo material que el ser humano; que asimismo, la tierra, los árboles, los océanos, los animales, las plantas y las ideas que llegaban a su mente estaban formados por los mismos puntos luminosos que el cuerpo de ella misma, que finalmente todo está formado por energía con vibraciones diferentes y que esto era lo que originaba toda una diversidad de seres, objetos, texturas y formas. La señora comprendió que el césped en el cual se sentaba contenía en su origen los mismos átomos y partículas que ella misma, así como todo lo que existía; por lo tanto, ella era esa hierba, ese árbol, esa otra persona a su lado, ese pueblo, etcétera; la señora aceptó que el mundo y ella estaban unidos, lo eran todo.

El siguiente pensamiento de Gibrán ilustra a la perfección lo que he escrito en el párrafo anterior:

Toda la Creación existe en ti y todo lo que hay en ti existe también en la Creación. No hay divisoria entre tú y un objeto que esté muy cerca de ti, como tampoco hay distancia entre tú y los objetos lejanos. Todas las cosas, las más pequeñas y las más grandes, las más bajas y las más altas, están en ti y son de tu misma condición. Un solo átomo contiene todos los elementos de la Tierra. Un solo movimiento del espíritu contiene todas las leyes de la vida. En una sola gota de agua se encuentra el secreto del inmenso océano.

*Una sola manifestación de ti contiene todas las
manifestaciones de la vida.*

Khalil Gibrán

Uno de los más grandes regalos que un ser humano puede
experimentar es la libertad de pensamiento, la libertad de elegir,
la libertad de expresarse. Y estos tres elementos: el pensamiento,
la elección y la expresión, no tienen que realizarse necesariamente
en voz alta o a gritos, con el fin de que todo el mundo se entere;
la libertad de la que yo hablo tiene que ver con el diálogo interior
que sostienes contigo a cada instante, no importa si físicamente
estás en un lugar del cual no puedes salir. ¿Qué palabras eliges
pronunciar? ¿Qué mensaje envías a todos los seres que estamos
unidos a ti por medio de la energía que nos rodea?

Siempre hay en ti un espacio donde eres libre para pensar,
para elegir y para expresarte, porque de todas maneras, tus diálogos con las demás personas son contigo misma, es por eso que
al respetar los pensamientos y las ideas de los seres humanos
que te rodean, también estás respetando las tuyas y a la vez estás
escuchando la voz de la libertad que siempre ha estado a tu lado,
pero de la que tienes más conciencia en este momento.

Capítulo Once

❧

Recuerdos, memorias o registros akásicos

Las memorias son como un almacén que contiene todo lo sucedido a lo largo del espacio y del tiempo, todo el conocimiento de la humanidad y las vivencias del Ser a través de la historia; pasado, presente, futuro; y, por supuesto, aquellos pensamientos que eliges tener, consciente e inconscientemente, y que circulan por tu mente de manera cíclica, generando situaciones o vivencias que se manifiestan en esta dimensión como una realidad.

Memorias y *registros akásicos* son exactamente lo mismo, la diferencia es que *registros akásicos* es un término derivado del sánscrito y *memorias* es más occidental, más contemporáneo. Incluí estas palabras en mi vocabulario cotidiano cuando descubrí su significado y su misión en mi vida; he aquí lo que aprendí.

El ser humano crea cada uno de sus días alimentando viejos recuerdos, heridas, rencores o momentos felices que cree que jamás volverán. Estos recuerdos con los que construye cada uno de sus instantes son las memorias o registros. Lo único que tú deseas es dejar de luchar constantemente por el éxito, por alcanzar la paz y la tan mencionada felicidad. Tú deseas sentirte bien aquí y ahora. Pero una parte de tu espíritu también quiere continuar atascada en el ayer, llorando por lo que sucedió y temiendo lo que sobrevendrá; extrañamente los seres humanos queremos ser (o somos) felices con nuestros recuerdos, así que ellos llegan a nuestra conciencia precisamente para ser sanados.

No todas las memorias o recuerdos producen el mismo nivel de dolor; de hecho, hay memorias necesarias para poder vivir en este planeta. El recuerdo del sabor de los alimentos o el uso de los utensilios que necesitas para cocinar, así como la forma de utilizar la estufa son esa parte de tus recuerdos a la cual accedes para poder satisfacer tus necesidades. Puedes estar presente en este instante llevando tu mano hacia donde está el encendedor de la estufa y después guías a tu conciencia al proceso de encenderla, para así poner las ollas encima de ella. Si has estado presente durante el proceso de encender tu estufa para cocinar, ése es el tipo de memoria que no puede hacerte daño, porque la estás utilizando para alimentarte y, además, lo estás haciendo conscientemente. Este proceso se altera, por ejemplo, cuando estás abriendo el refrigerador y el hecho de observar su contenido posiblemente activa otra clase de recuerdos que no necesitas para estar aquí, porque ellos pueden trasladarte a tiempos dolorosos del ayer, creando en tu cuerpo la misma sensación de enojo, impotencia o tristeza; es posible que observes una marca de leche que era la favorita de esa persona que ya no está a tu lado y que esto desencadene una ola de recuerdos que van a ocasionarte el mismo daño que cuando ese hecho tuvo lugar en tu vida. Cuando esto sucede a diario, se ve amenazada tu integridad física y emocional, se producen los desequilibrios y las emociones potencialmente tóxicas para tu organismo; entonces la enfermedad, el desgaste y el envejecimiento se apoderan de tu cuerpo; la tristeza y la depresión se van haciendo dueñas de tu espíritu y un tiempo oscuro atrapa a todo tu ser, bloqueando todos tus accesos a la luz, a la salida, a tu paz. Y una de las características más difíciles de ese estado melancólico que te traslada al ayer es el hecho de que te genera un extraño placer. Te "consuela" recordar a esa persona que se fue; te "conforta" observar los videos o las fotografías donde apareces con tu hija ya fallecida, porque no lo haces desde el amor, observas desde el dolor. Casi siempre te acompaña, te alimenta todo lo que esa persona dejó, y aunque deseas permanecer en ese tiempo porque de alguna manera estás a su lado, es importante que puedas aprender a estar en su compañía desde el amor que guardas en tu interior. No es tu culpa que de alguna manera encuentres una satisfacción en regresar al ayer para continuar atrapada en el tiempo y en esa forma pagar un precio por el error de haber tenido esa o cualquier otra clase de pérdidas; esto es tan humano, tan normal, que mereces ser compasiva contigo y, por eso mismo, esas viejas memorias son las que más puedes bendecir y aceptar, éstos son los recuerdos que este proceso curativo a base de palabras te permite amar e integrar. Los cinco sentidos están llenos de recuerdos.

La conciencia de grupo, esa alma colectiva de la que eres parte, ha considerado fundamental revivir una y otra vez los recuerdos, para saber qué aspectos de tu vida necesitan ser sanados, y aunque las memorias sean la causa principal de tu dolor, de tu tristeza, no es mi intención presentarlas como las villanas de la historia, no tienes que verlas de esta manera. En realidad, ellas son tu única posibilidad de renovación. Son tu pase a la libertad emocional.

Cuando un pensamiento que calificas como negativo llega a tu mente, le debes gratitud, porque su único objetivo es que puedas darte cuenta de que algo en ti necesita ser corregido. Hago énfasis en este punto, porque he notado que muchas personas intentan huir de sus memorias, intentan escapar de algo que de manera innata contienen y esto sólo le da más vida al dolor. A las memorias hay que agradecerles para eliminar la resistencia que te hace percibirlas como dañinas.

El estudiante o practicante de la curación por medio de las
palabras ama a sus memorias como la materia prima
con la que puede crear su momento presente.

Cuando tengas un pensamiento que una y otra vez penetra tus espacios mentales, alterando tus actividades cotidianas e impidiéndote sentir tranquilidad, haz algo bello por ti y ámalo. Es sencillo, dile al pensamiento o a eso que sientes que le amas, porque ha venido para enseñarte y que te sientes agradecida por su misión en tu vida; siente tus palabras sinceras, utiliza las que lleguen a ti, exprésate honestamente contigo, hazlo en voz alta o mentalmente y sentirás la diferencia entre criticarte y aceptarte totalmente, aunque consideres que toda tu vida ha estado llena de fracasos, errores y caídas. Si por cada vez que te sorprendes pensando en el pasado, te criticas, regañas o culpas, es tan igual como si te transformaras en tu propio verdugo, es como si tomaras un atajo para ser guiada hacia el mismo nivel de dolor que deseas eliminar.

La mejor manera de romper el hábito de viajar al pasado es anclándote al presente por medio de cualquiera de los pasos siguientes:

1. Observa que has dejado momentáneamente tu cuerpo para regresar al pasado, que es un tiempo inexistente y de poca utilidad en tu vida. Cuando haces esto sin criticarte, ya estás habitando el tiempo presente.

2. Perdónate por haber generado ese instante. Perdónate completamente o dile a tu Ser Superior que te ayude a perdonarte.

3. Agradece aquellos momentos que originaron el dolor, no importa si los desconoces, tu conciencia lo sabe y los rastreará; agradece la oportunidad de haber hallado un pensamiento erróneo, porque eso impedirá que discutas con tus pensamientos y caigas en el mismo juego otra vez.

4. Ámate por cada vez que regresas al ayer. Déjate llevar por la posibilidad de que tal vez sea el único mecanismo que tiene tu mente para llevarte al siguiente nivel.

Cualquiera de los pasos anteriores que utilices para ubicarte en el espacio y momento actuales te será de un beneficio incalculable. Cada uno de los pasos corresponde a las palabras sagradas que te guían hacia la curación.

Eres una parte inteligente de la Creación, poseedora de la capacidad de pensar, es así como diseñaste un mundo a tu alrededor que satisface tu necesidad de aprender a conocerte a través de todas las emociones que suceden a un pensamiento. Tus sentidos te proporcionan imágenes, sensaciones y experiencias que en apariencia son reales; observas en tu creación a personas, animales, objetos, plantas y seres vivos, como resultado de las necesidades que has de satisfacer. La energía que proviene de tus pensamientos ha creado formas con base en archivos, registros y memorias que en su momento limpiarás. No todos los seres vivos experimentan el mundo sensorial como tú; los animales ven algunos colores y objetos que tú no, algunos seres humanos percibimos situaciones, formas, estructuras que tampoco tú percibes y esto permite que el mundo sea una experiencia subjetiva, aunque a veces sientas que tu mundo es tan real que crees que todos los demás podemos percibirlo igual que tú, pero no es así. Tu percepción y la mía no son iguales; por lo tanto, no contemplamos un objeto desde la misma perspectiva. Por esa razón, aquello que para ti es injusto e intolerable, se vuelve sagrado para los miembros de otras culturas; igualmente sucede con lo feo y con lo bello, porque aquello que tú percibes como bello, puede ser feo para los demás. Todo esto hace que la realidad sea algo relativo y que por lo tanto dependa de tus sentidos y de tus memorias para tomar forma.

Si por ejemplo, una persona que le tiene pánico a las arañas quiere abrir la puerta de su casa para entrar y se da cuenta de que en donde se coloca la llave hay una araña, naturalmente se encontrará en un problema, porque a menos que le pueda hacer frente al arácnido, intentando quitarlo, tendrá que verse obligada a buscar ayuda para poder entrar a su casa. Si por el contrario, alguien que no teme a las arañas se encuentra en esta situación, ni siquiera pensará en que tiene un problema, simplemente la tomará por una pata y la pondrá en donde considere prudente. Si este alguien es fotógrafo, se las ingeniará para encontrar una cámara y se sentirá feliz o extasiado por contar con la presencia de la araña en la puerta de su casa, así que tomará la mejor de las fotos, tal vez agradeciendo la oportunidad de venderla a una famosa revista, y así la araña simbolizará para él un ingreso económico extra o una bendición. Este ejemplo ilustra hasta qué punto un problema llega a ser una elección individual, o sea, la huella de un recuerdo.

Cuando piensas humanamente, cotidianamente, sin monitorearte y sin estar pendiente, con esto me refiero a tu diálogo íntimo, al que sostienes mientras lavas tus dientes, preparas la ropa que te pondrás o bebes una taza de café, te desconectas de tu esencia divina quedando a merced del miedo, del terror que te infundes con la posibilidad de que sucedan más fracasos en tu vida o de que todo lo que ya está mal pueda empeorar, y como has aprendido, tu visión de los retos que aparecen en tu camino es siempre una interpretación tuya que tiene lugar cuando una creencia o un recuerdo han tomado forma. Así que la próxima vez que sientas que tienes un problema, ten en cuenta que éste no existe fuera de ti y que esto lo hace una ilusión. Los problemas son ilusiones de una mente confusa y se desvanecen tan pronto como eres consciente de que no existen en el presente y de que llegaron a tu conciencia para ser corregidos por medio del amor.

Todo esto encaja perfectamente con una parte de tu ser llamada inconsciente, que es como un gran depósito personal donde has ido almacenando tus memorias, así como las de toda la humanidad, y por eso cuando los borras, también lo haces para todas las personas involucradas. El acto de borrar memorias, recuerdos o registros se refiere específicamente a la corrección de un error de la mente en luz, en perfección; también puede interpretarse como la conversión de un problema en una bendición, ya que en esa forma se elimina de la mente el error que genera la percepción equivocada de una situación que originalmente es neutral. Esto se logra porque a nivel biológico y energético la repetición de las 4 palabras sanadoras: *lo siento, perdóname, te amo, gracias*, transforma los caminos neuronales endurecidos por las viejas creencias en caminos neuronales construidos con una nueva conciencia, con nuevas emociones y con creencias que no representan dolor o carencias; por eso es posible sanar.

Supongamos que toda la vida te has repetido una y otra vez la siguiente idea: "Todas las personas que amo me abandonan"; es precisamente la repetición de este pensamiento lo que ocasiona que se haga realidad, así que cada persona que ames, tarde o temprano se marchará de tu lado. Para corregir esto tendrás que reemplazar esas ideas y símbolos implantados en tu mente con las 4 palabras que curan y pronunciarlas tan intensamente como lo hacías con el pensamiento limitante de antes. Es precisamente mediante el uso repetido de las palabras que curan que te será posible quitarle poder a las viejas creencias, creando un nuevo concepto de tus relaciones con los demás y de tu relación contigo.

En alguna ocasión una señorita que estaba entre el público de un taller que organicé en mi ciudad se levantó de su silla para decirme:

—Tengo muchos recuerdos de momentos felices de mi vida, muchas vivencias de mi niñez, de mi juventud, no todo en mi vida ha sido doloroso, entonces, ¿por qué tendría que transmutar estos recuerdos?

Al comenzar a borrar memorias con las palabras sanadoras, la gran mayoría de personas se pregunta esto. Así que le respondí que el acto de pensar está relacionado con el recuerdo, cada vez que piensas estás apoyando tu existencia sobre una base falsa que es el ayer, porque tu mente por sí sola no tiene la facultad de crear situaciones nuevas. El proceso de pensamiento está totalmente desconectado del tiempo presente, que es el único punto de poder que posee el ser humano; de modo que si a tu mente consciente llega el recuerdo de las risas de tus padres y la tuya el día que cumpliste quince años, estás invirtiendo tu momento presente en una memoria sobre la cual ya no puedes influir, prácticamente estás abandonando tu cuerpo, tu espacio y tu energía para redirigirte hacia la fiesta de tus quince años. Momentáneamente puede ser que este recuerdo no te cause ningún dolor, pero perpetúas el ciclo de trabajo de tu mente consciente, la cual jamás se detiene para que puedas tener ideas inspiradas. No obstante, la decisión es tuya, regresar al ayer o no hacerlo, finalmente encontrarás el punto de equilibrio.

Cuando recuerdas un suceso doloroso del pasado o un evento que te hizo feliz, pero que crees que no regresará a ti, es como si volvieras a estar en ese mismo lugar, bajo las mismas circunstancias, alterando los latidos de tu corazón, tu pulso, la circulación de tu sangre, tu respiración o tu presión arterial, y cuando te das cuenta de que eso ya pasó, de que ya sucedió y que no es posible para ti hacerlo real en tu presente, es cuando aparecen la nostalgia, el pesar, las lágrimas, la tristeza, por no tener a quienes crees necesitar. Cuando esto se vuelve un hábito y sientes que sin ese pensamiento doloroso no podrás sobrevivir, lo más prudente es cerrar tus ojos, entregarte y decirle a la niña que habita tu cuerpo: "Lo siento, pequeña; lamento lo que te ha sucedido. Pase lo que pase, te amo", así quisiste que te hablaran de niña, así quiere tu niña que le hables, acostúmbrate a dialogar con ella.

Al hablarte amorosamente, sentirás que estás siendo considerada contigo, ya que estas palabras son una caricia para tu niña interior, que es quien todavía eres; esas palabras son tu mejor regalo para ella, son tu declaración de paz contigo misma, representan tu autoaceptación, aunque estés pensando en lo doloroso de tu pasado. Lo que te hace llorar es la forma como interpretas tu recuerdo, lo que te lastima es la nostalgia, la no aceptación de lo que ocurrió; pero una vez que estás dispuesta a amarte aunque recuerdes, se irá desactivando esa memoria con el paso de los días, porque permites, fluyes y te aceptas tal como eres, aceptas a tu niña interior incondicionalmente. Entonces, cada vez que haya en tu vida un pensamiento al cual te has hecho adicta y lo consideres una memoria que te está causando dolor, podrás liberarlo diciéndote: "*Lo siento, te amo*". Con sólo sentir estas palabras una vez, habrás borrado la causa que generaba aquel efecto no deseado.

Lo interesante de las memorias es que no dejan de aparecer, por lo que entre más veces al día te conectes con el amor, más recuerdos serán borrados de los registros tuyos y de la humanidad, por eso te recomiendo hacerlo todo el tiempo que puedas, al levantarte, al comer o en cada momento que sea posible. Cada recuerdo transmutado adquiere una energía pura dispuesta a ser moldeada por el Ser Superior.

Hay memorias de las cuales eres totalmente consciente, porque son vivencias recientes y existen algunas otras que en tiempos pasados fueron tan difíciles de aceptar que tuviste que reprimirlas o enterrarlas, y es precisamente esa represión la que genera su repetición. Así es como puedes haber experimentado mucho miedo al momento de nacer y no recordarlo conscientemente, pero sí recrearlo con las personas que has entablado una relación amorosa, con tus amigos, tus padres, tus hijos o contigo misma. Por ejemplo, las mujeres conservamos un recuerdo desde hace milenios, guardamos en nuestro inconsciente todo ese sufrimiento causado por la opresión del sexo opuesto a lo largo de todos los tiempos. Esta sensación de fragilidad e impotencia se ve reflejada a menudo en un resentimiento escondido en el alma de cada una de nosotras, esperando salir a la menor oportunidad. Cuando se nace mujer, se trae de manera innata esta característica y por eso casi siempre consideramos que somos abusadas, victimizadas o agredidas por el sexo opuesto; esto ha ocasionado en nuestros cuerpos diversas enfermedades, cuyo origen es el desequilibrio que subyace en la conciencia colectiva femenina que se esconde en nuestro inconsciente.

Esta sensación de victimismo femenino es una consecuencia de la separación o fragmentación entre los seres humanos, de la que he escrito en capítulos anteriores. Tenemos la inteligencia suficiente como para considerar la posibilidad de haber sido los victimarios en vidas anteriores (porque somos una sola conciencia); creemos tanto en la posibilidad de un mundo mejor que podemos comprender que somos el género masculino y femenino en un cuerpo de mujer, que todas y cada una de nosotras trabaja en pro de lo mismo, hombres y mujeres anhelamos una vida en paz, es por eso que nos experimentamos en diferentes géneros para aprender del dolor, para sanar desde adentro. Está viniendo hacia nosotras el momento en el cual podamos restablecer la energía femenina en el Universo, no para ser más poderosas ni para oprimir, simplemente para que equilibremos la energía masculina y femenina en nuestro interior, para que no haya víctimas o victimarios, para que los hombres puedan disfrutar de una conciencia de libertad, para vivir en armonía y hacer de este planeta lo que una vez fue: un hermoso lugar para vivir, sin que ser hombre o mujer sea relevante.

Tenemos el poder para cambiar el rumbo de la historia, porque somos cocreadoras de ella, estuvimos ahí, fuimos testigos de cada hito, de cada suceso y nuestro recuerdo nos permite iniciar el proceso de "borrar memorias" o detener el ciclo de pensamientos con las 4 palabras sanadoras, para transformar esas huellas en luz.

Borrando memorias

Normalmente la frase *te amo* puede borrar definitivamente una memoria, porque si amas una situación, deja de existir en tu mente como un conflicto y pasa a ser una bendición a la cual hay que agradecer. Esto sucede si y sólo si ese *te amo* expresa amor genuino, sincero, un sentimiento que no precisa de condiciones para amar. Un proceso para borrar memorias también puede llevarse a cabo al pedirle al Ser Supremo que limpie en ti todo lo que contribuya al problema que manifiestas. Al realizar la petición entrégate, desapégate de los resultados y agradece lo que viene para ti.

En este punto debo hacerte una aclaración: tan complejo es tu inconsciente, que es poco probable saber con certeza qué es lo que estás sanando. Hago énfasis en este punto para que puedas desarrollar tus procesos de amor, perdón y gratitud de manera más simple, más sencilla, más entregada, con el fin de que no exista en ti esa ansiedad por observar resultados pronto. En realidad no sabes qué conexiones hay entre todos tus pensamientos con el recuerdo que estás borrando, no sabes cuál de esos hilos tenga que eliminarse primero, no sabes de qué manera estén organizados ni cuál deba desenredarse primero. Por ejemplo, puedes empezar a borrar registros sobre situaciones como la escasez de dinero y a la vez puedes estar borrando, sin saberlo, la escasez de perdón en tu vida actual. Lo más importante de todo es que te permitas sentir tranquilidad durante el proceso, aunque no dispongas de dinero en tu bolsillo o aunque no sepas qué es lo que estás borrando exactamente, tal como si una fuerza superior a tu mente estuviera a cargo de la situación.

Mientras continúes sintonizando con la frecuencia que emiten las palabras sanadoras, mejorarás muchas percepciones erradas de tu vida; es así como por medio de la limpieza de los recuerdos de escasez un buen día te das cuenta de que has mejorado notoriamente tu función intestinal, o que has sanado de un dolor de espalda crónico, o tal vez empieces a llevar una mejor relación de pareja. Muchas personas con las que he tenido oportunidad de dialogar sobre estos cambios positivos e inesperados en algunas áreas de su vida, me han comentado que algunos problemas de salud fueron desapareciendo sin haberlos tomado en cuenta, sin siquiera haber sido conscientes de su existencia al borrar memorias. Sólo empezaron a notar que ya esas sensaciones no habían vuelto después de haber estado ahí mucho tiempo. Por ejemplo, un cliente mío, que por muchos años tuvo alergia a algunos alimentos y a ciertos cambios de estación, se había resignado a padecer de esto irremediablemente, así que se dedicó a borrar los recuerdos dolorosos que le unían a su esposa y a sus padres, obteniendo la desactivación automática de las alergias en su sistema. Esto ocurre frecuentemente cuando sanamos las raíces de algunos eventos que están relacionados internamente con situaciones de las que tal vez no tenemos conciencia. He denominado a este proceso Curación en Bloque, para que comprendas la manera que tu cuerpo tiene para sanar por medio de la relación entre todos y cada uno de sus componentes. Todo lo que has sufrido tiene una razón para haber existido, en todo lo que has padecido hay una conexión con lo que estás viviendo, y con esta hermosa técnica de amor incondicional lo que haces es utilizar tus recuerdos como materia prima para elaborar los regalos que mereces. La curación en bloque es un efecto del proceso sanador que propicia el amor; también es algo que sucede en muchas otras técnicas en las cuales se integran varios conflictos que proceden de un mismo patrón de pensamiento, sin necesidad de saber exactamente cuál es éste. Todo ocurre en un entorno de confianza y gratitud hacia la Inteligencia Divina, cuya misión es transmutar los errores de la mente, en el orden, espacio y tiempo que considera perfectos. Es por esta razón que cuando estás borrando registros, no necesitas del intelecto, de la lógica, de la intuición, ni tampoco precisas conocer el principio o el fin de una enfermedad; en pocas palabras, aquella yo, que casi siempre está a cargo, le cede el lugar a esa otra yo, que sólo puede inspirarme.

Al borrar registros con las 4 palabras que curan, puedes mencionarlas en el orden que desees y asimismo puedes elegir las que más se acomoden a tu situación determinada. Si por ejemplo, observas tantas cosas hermosas a tu alrededor y deseas expresar gratitud, entonces utiliza *gracias* o las 4 palabras a la vez. Si vas caminando por la calle y ves a alguien que necesita ayuda, puedes decir para ti o para esa persona: *"Lo siento. Te amo"*; o tal vez sea útil para ti pensar en la palabra *perdóname*. Sucede de igual manera para cuando estás molesta por algo que te ha parecido desagradable u ofensivo. Puedes pronunciar la que más necesite tu espíritu, por separado o todas en grupo. El riesgo de que lo hagas incorrectamente es mínimo, por no decirte que no existe esa posibilidad. Siempre que las pronuncias, borras, aunque lo hagas sin total conciencia, y con el paso de los días descubrirás que ya no padeces de aquello que tanto te molestaba, o que eres más tolerante, o que simplemente estás más receptiva al amor por ti. Para aplicar tratamientos de amor no hay tantos requisitos como pudieras creer; tu misión permanente es encontrar motivos para valorarte, para apreciarte y realizarte en la forma que mejor consideres conveniente. Tu medidor es el estado de aceptación de lo que esté sucediendo en tu vida, así como tu felicidad y tu apertura para esperar de ella lo mejor.

Una pequeñísima parte de tu biología es la célula. Tienes millones de ellas en tu cuerpo y cada una posee inteligencia propia, es algo asombroso porque significa que cada una de ellas tiene participación en cualquier proceso curativo del cuerpo. El concepto de memoria celular aclara un poco más este punto de la siguiente forma: tus células almacenan la información individual y colectiva, estás formada por millones de ellas, que son energía que se desplaza constantemente y que se encuentra en un permanente cambio, entrando y saliendo del cuerpo físico, fusionándose con todo lo existente, generando células nuevas que realizan los procesos vitales una y otra vez. Cuando la célula es alimentada con palabras sanadoras, hay cambios profundos en su interior y éstos afectan favorablemente al cuerpo físico, al cuerpo emocional, al cuerpo mental; es en esta forma como la salud comienza a tener lugar en el ser humano que se alimenta por medio de sentimientos, pensamientos, intenciones y palabras sanadoras. Todo esto a su vez nutre el sistema y es cuando tú recibes los beneficios de ser parte de él y viceversa.

El origen de todas las enfermedades es una memoria archivada en la célula y el desarrollo de estas enfermedades llega con la reproducción permanente, consciente o no, de estas memorias. Este ciclo termina cuando alteras el concepto que tienen tus células acerca del tiempo, cuando interrumpes su diálogo que dice: "Estoy enferma, creo que dentro de poco tiempo voy a morir", para pensar en algo similar a esto: "Acepto estos síntomas como parte de mi proceso de curación, renuncio a la lucha y permito que la Inteligencia Divina haga su voluntad, me entrego a Ella". Si logras mantenerte en este estado mental, si concentras tu atención en el presente por medio de las palabras curativas que ya conoces o sus equivalentes en pensamientos de amor hacia ti, puedes dar por hecho que tu cuerpo responderá positivamente. En el mismo instante en que tus células saben de tu intención de cambiar las viejas ideas por gratitud y por perdón, de inmediato se ponen a trabajar; es como si tú fueras la directora de una empresa y les comentaras a sus integrantes de las nuevas políticas para mejorar sus ingresos, sus prestaciones y su economía en general. ¿Qué cara crees que pondrían tus empleados?, ¿cómo responderían hacia ti? Pues con mucha alegría, porque estás brindándoles beneficios, y eso mismo es lo que hace tu cuerpo cuando percibe tu intención por cambiar. Cada parte de él es inteligente, así que puedes dialogar con la que elijas, porque de igual manera obtendrás la respuesta que tu conciencia necesita para curarse.

Las respuestas que estás leyendo son esa ayuda que necesitas para reconstruir tus días, tus momentos, y así aprovechar cada instante que te permita observar la vida como una novela donde tú eres la protagonista que ama estar en cada locación, que atesora cada episodio sabiendo que está adquiriendo una gran experiencia.

El uso permanente de la memoria te impide crear, porque nubla tu vista y desactiva tus sentidos de su manera de percibir original, ya que sólo puedes mirar, oler, tocar, degustar y escuchar el pasado; el recuerdo te incapacita para darle una nueva oportunidad al mundo; usualmente percibes a tus hijos, a tus compañeros, a tus amigos, a tu pareja con los sentidos del ayer, con el dolor de lo que sucedió. Así que en cualquier instante que lo decidas, puedes comenzar a ser tú misma, para fluir de instante en instante, de momento a momento, porque sólo así puedes conocer la felicidad y comprobar que ella en sí, no es una meta, sino un estado mental.

Puedes borrar memorias porque te consideras mala o puedes borrar memorias porque amarte es un placer para ti, es cuestión de forma más que de fondo, y poco a poco vas a saber el porqué se borra memorias por amor más que por culpa. El amor es tan flexible, que eres tú quien determina lo útil o lo perjudicial de un pensamiento; puedes amarte aunque sientas un enojo profundo, puedes elogiarte porque reconociste tu tristeza, puedes agradecerte el hecho de sentir odio, puedes amarte más aún por el hecho de no poder hacerlo, tienes la posibilidad de amarte porque no te amas. Recuerda que toda tu aparente imperfección se encuentra rodeada por lo perfecto. El caos de tu vida es parte del orden Divino.

Capítulo Doce

ෆ

Percepción y transmutación

Transmutar es una palabra relacionada con convertir algo que tiene una forma determinada en otra cosa; es transformar un concepto o una creencia en su opuesto. Esta palabra se ha adaptado perfectamente a las técnicas liberadoras que prevalecen en este tiempo para darle un nombre a la transformación definitiva de nuestras viejas creencias en un nuevo despertar. He elegido este capítulo para hablarte de la percepción y de su relación con las 4 palabras que curan.

La percepción consiste en la manera como ven el mundo tus sentidos, es tu juicio respecto de lo que observas, hueles, escuchas o tocas. Todo ello se encuentra conectado con un recuerdo, con una vivencia del alma que ocupa tu cuerpo. La percepción puede compararse con la interpretación; los seres humanos básicamente somos intérpretes de lo que sucede alrededor nuestro. El proceso de transmutación es un cambio de pensamiento, un cambio de actitud muy tuyo, y es algo tan profundamente personal, que en ningún momento modifica algo fuera de ti ya que nada existe fuera de ti. Lo que hace es alterar tu percepción para devolverte el derecho de merecer. Lo único que cambia en ti es una idea que convierte tus pasadas elecciones de muerte, de enfermedad y de dolor, en salud, bienestar, longevidad, paz. En otras palabras, la perfección también es relativa; si quieres ver tu vida y las decisiones que has tomado como un error, pues entonces así es. Y si por el contrario, eliges que todos los pasos de tu vida han sido necesarios para llegar aquí, también así es. El amor es la base en la cual se apoya la vida, por eso el error está contenido en él, esto le hace algo necesario, también le hace moldeable, susceptible a la elección humana y de igual manera le hace perfecto como parte de la totalidad. Todo esto significa que cuando le pones un límite a tus pensamientos hostiles, tu percepción deja de hacer contacto con lo que ves fuera de ti, mientras te guía la inspiración que proviene de la Inteligencia Divina.

Tal vez te preguntes el porqué te metiste en este juego de cometer errores de percepción para luego transmutarlos, así como qué es lo que estás obteniendo al jugarlo, y para responder a tu pregunta comparto contigo lo que considero:

El error es la única ruta para llegar a la verdad. Si le consideras una bendición, te traerá respuestas como tal y si le consideras una trampa de la vida, entonces tendrás que caer muchas más veces en ella para aprender. De modo que entre más confíes en tus errores, mientras más aceptes tu inocencia, más aciertos tendrás.

Por medio del proceso de transmutación es posible conocer aún más la relación entre los diferentes aspectos que integran nuestra conciencia y de qué manera interactúan con la Inteligencia Divina, para transformar un error en perfección.

CapítuloTrece

೮ာ

Componentes de la conciencia

Tu conciencia como Ser tiene cinco componentes principales que al estar unidos conforman la totalidad, la Creación, todo lo que existe. Lo ideal es que la fusión entre los componentes de la conciencia sea permanente, porque sólo de ese modo se da la transmutación, el cambio de conciencia, la iluminación.

El intelecto o mente consciente

Es la parte que todo el día se encuentra pensando, que se alimenta con las memorias viejas; es precisamente esta actividad constante la que le incapacita para generar situaciones de salud, amor o paz interior, porque sólo vive por el dolor, la nostalgia y el ayer. Para el intelecto, pensar es casi lo mismo que recordar, por eso no produce nada nuevo, sólo recicla más basura de la ya existente en la memoria humana; no tendrá la facultad de crear mientras se encuentre aislado de la totalidad. Una de sus principales batallas consiste en pensar que el momento presente no debe ser tal como es, que es necesario cambiarlo, que te encuentras en el lugar equivocado, rodeada de las personas equivocadas; así lucha para salir de donde está mientras recicla recuerdos, para vivir sus experiencias por medio de ellos. Así es como sobrevive, mientras sacrifica el momento presente.

Su función en el proceso de transmutación es generar una intención de cambio, pronunciar las palabras sanadoras y llevarlas a lo más profundo del Ser.

Inconsciente (niña o niño interior)

El inconsciente es tu niña interior, es aquella parte de ti con la que entras en contacto cuando estás borrando recuerdos. Aunque seas adulta, siempre llevas a todos lados a una niña o a un niño que necesita atención. Escuchar a esa parte de tu conciencia significa ser incondicional contigo, quiere decir que bajo cualquier circunstancia aprobarás tus actos con el fin de establecer una conexión con la Inteligencia Divina o con el Universo. Para algunas personas es fácil percibir a su niña interior, para otras es algo doloroso; sin embargo, esta comunicación es importante para superar traumas o emociones reprimidas en la niñez. Puedes acercarte a ella por medio de las palabras sanadoras, sin que necesites regresar al ayer, sin que tengas que revolcarte en lo que ya sucedió, sin que tengas que volver a tu tristeza para sanar.

El inconsciente tiene el mismo comportamiento de una niña lastimada, porque guarda su historia personal, sus vivencias como individuo, como ser humano, así como su historia a nivel colectivo: las guerras y batallas ganadas o perdidas, la lucha por la supervivencia, las conquistas, las carencias, la sequía, el hambre, las tribus con sus dioses, mitos, deidades, creencias, la lucha por el poder, la sumisión, la fe, la duda, el racismo, la enfermedad, la luz, la oscuridad, etcétera. El inconsciente almacena toda esta información como un depósito individual y a la vez colectivo, que será utilizado durante toda la vida para revivir los recuerdos por medio de las relaciones con las demás personas y llegado el caso también puede ser utilizado como una manera de evolucionar por medio de la conexión íntima con otras partes integrantes de la conciencia. Esto significa que cuando dices *"me amo"* o *"te amo*", te estás conectando con tu niña interior para hacerle saber que estás dispuesta a eliminar un registro que te está causando dolor y para que de inmediato se ponga en marcha todo lo necesario para iluminar tu existencia. La función del inconsciente en el proceso de transmutación es recibir la intención de cambio de la mente consciente y enviarla al Yo Superior, quien a su vez hace contacto con la Inteligencia Divina.

Quiero compartir contigo una de las hermosas experiencias que usualmente tengo con mis clientes cuando trabajamos con su niña o niño interior. Siempre les pido que a partir de ese momento establezcan una comunicación constante con esa chiquita desprotegida que ha estado sola durante tanto tiempo, y así es como ellos se ubican encima de una dolorosa escena de su pasado y la observan como si fueran testigos oculares y no protagonistas. Entonces pueden ver a su niña o niño tal vez llorando o riendo, y es cuando mis clientes, que fungen como padres de su propia niña interior, entran en escena abrazándolas, mimándolas, bendiciéndolas, diciéndoles las 4 palabras mágicas, para que las usen siempre, y haciendo lo que posiblemente nadie pudo hacer con ellos en ese instante; así cambian la escena triste por una nueva en la cual le brindan amor a su ser interior, y siempre esta última prevalece.

Recomiendo la creación de espacios hermosos para las dos, por ejemplo, un bosque donde sólo ustedes puedan entrar, con una casa que contenga utensilios, polvos mágicos, bebidas milagrosas o todo aquello que consideres sanador para tu chiquilla y, por lo tanto, para ti. Puedes ver todo esto desde arriba, como si flotaras encima de tu propia película y siempre tendrás la oportunidad de sanar los recuerdos a su lado, así jamás estarán solas ninguna de las dos. Cuando estés triste, abrázala, no la dejes sola, ámala como nadie lo ha hecho, eso es lo que te hará más consciente, más inteligente que aquellas personas que no tuvieron otra manera de criarte.

Este trabajo con tu niña o niño interior es tan liberador y tan bello, que aunque conscientemente regresas al ayer, también lo haces cuando lo consideras necesario y desde otra perspectiva, es una manera de regalarte un bello instante en el cual borras memorias con tu niña interior. Tal vez así estés alterando el pasado, tal vez sea un excelente recurso para ti, siempre y cuando sientas la necesidad de hacerlo. Recuerda que te dije que amar es ser flexible y cada vez tú y yo lo somos más.

Yo Superior

Es nuestra conexión con la Inteligencia Divina, Dios, el Universo o como desees llamarle. Es totalmente inmune a los recuerdos, aunque en el momento indicado se conecte con la mente inconsciente para transmutar el error. Su misión en este proceso es sintonizar con la Inteligencia Divina, para que finalmente decida lo que es más conveniente para el Ser.

Hace algún tiempo llegó a mi vida una hermosa oración creada por la escritora Catherine Ponder y la agregué a este segmento, para que la escribas en tu cuaderno de apuntes y la tengas en cuenta por si en algún momento la pudieras necesitar:

Tengo fe en que mi Yo Superior;
es siempre mi instantáneo y generoso suplidor.
Tengo fe en que mi Yo Superior;
abre todos mis caminos cuando humanamente
pareciera que no existen vías.
Tengo fe en que mi Yo Superior;
estará guiándome siempre en todos mis proyectos,
manteniendo mi salud, felicidad y prosperidad.
Mi éxito y mi paz interior están seguros
con su guía y ayuda.

La Inteligencia Divina

Es la Inteligencia Divina, el Universo, la Fuente o aquello que representa al todo. Es el equilibrio universal. Es ese aspecto tuyo que te inspira cuando el vacío tiene lugar. La inspiración es una energía que proviene de la Mente Divina cuando estás conectada a ella; por lo tanto, no es un recuerdo, es simplemente luz que proviene de la Fuente.

La función de la Inteligencia Divina en el proceso de transmutación es disolver el error mediante su energía poderosa que recubre todos los aspectos y partes integrantes del Ser hasta transformar en vacío los registros que llenaban la mente inconsciente.

El vacío

Es el resultado final del proceso de conexión con la Inteligencia Divina por medio de las palabras mágicas; es un estado de conciencia pura al que puedes acceder cuando dejas a un lado el parloteo de tu mente. Sólo percibes el vacío cuando tu intelecto ha dejado de pensar y se ha concentrado en el momento presente. El vacío es el espacio que existe entre dos pensamientos; de su núcleo procede la inspiración, que es la fuente de toda creación. El estado ideal del Ser es el vacío, porque carece de penas y angustias; el vacío simplemente es. Muchas de las grandes obras artísticas universales fueron creadas desde este espacio que deja a la mente consciente sin percepción, sin juicios, sin críticas, sin pensamientos.

El vacío es la parte final del proceso de transmutación, es el espacio que queda al perdonarte y es donde se encuentra la luz divina, el instante de plenitud y conciencia total con el cual estás en contacto. El vacío es tu lugar de procedencia.

Capítulo Catorce

ↄ

Contrato emocional

Cuando escribí sobre este tema en mi blog, muchas lectoras empezaron a conocer más sobre los secretos de la existencia humana y con ello pudieron sentir más tranquilidad, más capacidad de comprensión y tolerancia hacia situaciones difíciles en sus vidas. Recibí muchas cartas en las cuales me contaban acerca de lo aliviadas que se sentían al comprender que cada decisión que habían tomado antes y que consideraban equivocada era producto de un contrato emocional. Le he otorgado este nombre a los pactos que celebra nuestra alma en aquellos espacios que hemos olvidado para poder experimentarnos como seres humanos, para vivir un mundo relativo, cargado de eventos que en algún momento tendremos que aprender a interpretar.

Sé que también tú en algún momento has llevado a cuestas una relación que no ha sido fácil o que tal vez jamás ha funcionado; por lo tanto, has llorado por mucho tiempo intentando alejar ese recuerdo de tu vida sin saber que su existencia se apoya en un contrato emocional (así como el que realizas al entrar a trabajar en una empresa) en el que esa otra persona por la cual has sufrido tanto es una de las partes y la otra eres tú. De esta manera, te has puesto de acuerdo con ella para lograr la experiencia que necesita tu alma y que por lo tanto necesita esa otra parte también. El objetivo principal de realizar estos acuerdos es el de aprender. Antes de llegar a este plano analizas qué te hace falta vivir y para ello se te entregan todos los elementos indispensables. Por ejemplo, un ser humano puede aprender algo de liderazgo por medio de contratos emocionales con otros seres humanos que ya son líderes; es el caso de los hijos de presidentes, políticos, entre muchos otros cargos. También es posible que alguien necesite aprender sobre el perdón y para ello elija tener una madre irresponsable o que requiera crecer en la miseria para conectarse con la carencia y con las necesidades humanas.

La frase *contrato emocional* evoca pactos, compromisos, lazos en los cuales involucramos nuestros sentimientos y a simple vista puede parecer un juego perverso, pero no lo es; así te parece cuando lo observas con tus sentidos, que casi siempre te victimizan; sin embargo, el creer en un contrato emocional o el no hacerlo también es parte de tu misma experiencia de aprendizaje, se puede comprender o rechazar; pero, en algún momento será importante tenerlo en cuenta para que la carga sea más ligera o para que ya no haya cargas que llevar. El aceptar fácilmente estos conceptos depende en gran parte del nivel evolutivo de la conciencia. Una vez que recuerdas la vida como una obra de teatro, dejas de darle tanta importancia a tu personaje, a su aspecto físico, a sus tragedias en cada escena, a su ropa, a los roles de tus compañeros de obra, a los diálogos y al mismo escenario. No se trata de menospreciar la vida o de sentir apatía por ella, se trata de ser quien observa y quien elige conscientemente si siente el dolor del personaje o no, quien elige si ser feliz al poder representarlo o no, porque siempre se trata de elegir consciente o inconscientemente tu rol en la obra que actualmente estás rodando.

Cuando comprendes que cada una de tus relaciones difíciles con los demás ha sido parte de un contrato en el cual tú elegiste, automáticamente tu vida cambia. Dejas de ser una pobre víctima del infortunio para convertirte en la creadora de su propia experiencia. La asimilación de tus relaciones con las demás personas como contratos emocionales te impedirá caer en la trampa de lo injusto, porque sabrás que su actitud es parte de tu propio plan. El lugar o el momento en el cual hiciste estos tratos no es tan importante como el aceptarlos definitivamente; no obstante, es fácil determinar que siempre has tenido conciencia, incluso antes de nacer, así que en ese periodo tomaste decisiones importantes y aceptaste tus roles, o de lo contrario no estarías viviéndolos, no serías la protagonista en la gran obra de tu vida.

Un ejemplo de contrato emocional puede ser el de un muchacho joven que toma la responsabilidad de trabajar cuando aún no es tiempo de esto, con el fin de mantener a su familia, porque el padre ha fallecido o se ha marchado. El muchacho comienza a asumir el rol de "padre/esposo" (ya que de alguna manera simboliza esto en el grupo) hasta que lo considere necesario o hasta que lo crea conveniente, en virtud del acuerdo que en otros niveles de conciencia tiene con los demás miembros de su familia. También se da el caso de la chica que siendo muy joven aún, se compromete a llevar las tareas del hogar, a ayudar a sus hermanos menores, a lavar la ropa de su padre, a cumplir con sus deberes escolares y tal vez a trabajar, porque su mamá ya no está y de ese modo asume un rol de "madre/esposa" (porque de alguna manera representa esto para su familia).

Otro contrato emocional se da entre parejas y es cuando te sientes atrapada en una relación que nunca tuvo inicio y que parece no tener fin, ya que existe más un compromiso que un sentimiento de por medio, así que te sientes mejor contigo misma quedándote ahí, siendo parte de una relación que no funciona, porque te dolería abandonarlo todo por miedo a lo que podría suceder. Tu rol puede ser el de padre o madre para tu pareja.

También hay hijas que se han quedado toda una vida en el hogar por un contrato emocional con sus padres, así que evitaron tener una familia propia, con el fin de garantizar una estabilidad emocional para ellos, ya que eso le proporcionaría a ella la tranquilidad de haber actuado correctamente, aunque esto signifique sacrificar su derecho a tener su propia familia.

Los contratos entre amigas y amigos surgen cuando el decir la verdad significa un riesgo para la amistad. Cuando el expresar lo que sientes puede ocasionar una reacción equivocada por parte de la otra persona y quizá esto precipite el fin de esa relación. Así que algunas veces el comportamiento habitual consiste en "proteger" tu vínculo con tu amiga/o, aunque esto signifique guardarte tu enojo e incluso dejar de ser tú misma.

Los contratos emocionales son creaciones tuyas, así que ese mal momento de tu pasado es producto de una necesidad de tu Ser para conocerse de manera total y así es como vas representando diversos personajes, asumiendo diferentes roles, interpretando la vida de manera continua hasta que decides que es hora de finalizar alguno de esos contratos o tal vez todos. En un contrato emocional puedes sentirte atada o presionada para cumplir con él hasta el final, y es cuando no te atreves a soltar un grupo de personas que pueden volar solas o cuando no puedes abandonar un empleo donde te sientes insatisfecha, porque te invade el temor de quedarte desprotegida con todas esas responsabilidades encima esperando por ti; también puede ser que sientas que es algo que tienes que hacer porque es tu misión y así justifiques un poco tu permanencia en una relación o en un determinado lugar al que no crees pertenecer.

Tus relaciones con los demás se basan en contratos donde les pides por medio de una comunicación energética que cumplan con determinadas acciones para avanzar en tu proyecto de vida. Asimismo, aceptas interpretar ciertos personajes para cumplir con los proyectos de vida de los seres que te rodean. Los mejores acuerdos son los que te permiten sentir plenitud, satisfacción, totalidad y gratitud. Se puede sentir esto aun cuando tu relación con alguien no sea la ideal. Puedes comenzar a definir y aceptar lo que estás obteniendo a cambio de seguir ahí, para posteriormente soltarlo de manera natural, sin que tengas que hacer algún esfuerzo sobrehumano.

¿Te sientes atada/o a alguien? ¿Te tocó vivir una vida que aborreces? ¿Estás obligada a continuar con el contrato? ¿Qué te obliga? Si te sientes atada a alguien, si no eres feliz, borra el lazo o la memoria que te une a esa persona por medio de la siguiente oración:

> *Inteligencia Divina, elimina de mis recuerdos y de*
> *mi mente, el pensamiento que atrae tal comportamiento*
> *en _____. Gracias. Gracias. Gracias.*
> *Lo siento. Perdóname. Te amo.*

Eres una persona libre de terminar con tus contratos emocionales cuando estimes conveniente, y para ello es suficiente con borrar memorias. En realidad no tienes por qué forzar una situación que puede fluir fácilmente sin necesidad de que sufras o te castigues. Decidas lo que decidas, ten en cuenta que no eres mala, no eres culpable; nadie lo es, porque todos tenemos un personaje, una obra, una misión, una tarea al estar aquí, y aunque no lo creamos, lo estamos haciendo bien.

Cuando un contrato emocional se da por terminado, es porque era el momento preciso para hacerlo; esto puede suceder de manera inesperada, por lo que estarás preparada para asumirlo y para comprender que todo lo que ocurre tiene una razón de ser y es parte del plan de la Inteligencia Divina.

Hace algún tiempo estudié un caso que puede servir como ejemplo: Javier es un muchacho joven que se sentía atado a su madre para siempre; ella estaba enferma y eso le había impedido a Javier llevar una vida normal, conocer a alguien, entablar una relación, etcétera. En lugar de eso, pasaba la vida trabajando y escuchando los lamentos constantes de su madre, quien parecía no considerar el penoso trabajo de su hijo durante todo el tiempo. Él no era feliz. Así que un día decidió amar su infelicidad, simplemente repetía una y otra vez las 4 palabras que curan, se amaba, se perdonaba, se agradecía de manera constante. Comprendió que su mamá no era culpable y que él era el responsable de su propio dolor; con la gratitud, con el perdón, se desvanecía todo intento de escapar de su vida, se opacaba la angustia y la ansiedad, hacía a un lado la creencia de que su vida era un error. Entonces su rostro empezó a cambiar, dejó esa apariencia de vejez para tomar un aspecto de acuerdo con su edad, juvenil, fresco. Repentinamente conoció a alguien en su trabajo, entabló una relación amorosa y esta persona le brindó un hermoso presente. Lamentablemente la madre de Javier falleció, pero él ya no sentía ese vacío o ese sentimiento de no haber hecho lo suficiente. Al contrario, sentía que eso era lo que ella necesitaba para poder evolucionar y que él había cumplido con su parte del contrato.

Una escritora que transformó mi vida es Louise L. Hay. Sus libros tienen la virtud de sanar el alma y la conciencia del ser humano, por eso le estoy profundamente agradecida. De uno de ellos llamado *¡Vivir!* he extraído unas líneas que ilustran a la perfección el significado exacto de nuestro papel en un contrato emocional:

Siempre me he imaginado mi muerte como
el final de una representación.
Baja el telón por última vez.
Se acaban los aplausos.
Voy a mi camerino y me quito el maquillaje.
La ropa queda en el suelo.
El personaje ya no soy yo.
Desnuda, voy hasta la entrada de artistas.
Cuando abro la puerta, me encuentro
ante una cara sonriente.

Es el nuevo Director,
con un nuevo guión y el traje en la mano.
Me inunda la alegría al ver que me esperan
mi público fiel y mis seres queridos.

La ovación es cariñosa y ensordecedora.
Me saludan con más Amor
del que jamás he experimentado antes.
Mi nuevo papel promete ser el mejor de todos.

Capítulo Quince

✍

Libre albedrío

Este concepto sobre libre albedrío, unido a los demás que he escrito, te permitirá ser más flexible con tus opiniones y percepciones acerca de los actos de los demás, así como con los tuyos, tomando en cuenta que entre más comprensión entregas, más te comprendes a ti misma; por lo tanto, más obtienes de la vida y de las personas que te rodean.

El libre albedrío es un regalo que te fue dado para que pudieras tener la libertad de elegir cómo vivir en este planeta. Es por eso que siempre te sientes impulsada a elegir. Cada instante de tu vida ha sido el producto de una elección consciente o inconsciente, y ellas se derivan de tu manera de ver el mundo, de lo que recuerdas, de todo lo que has vivido e incluso de las emociones que pudiste haber heredado de tus antepasados. Tal vez en algún momento hayas pensado que el libre albedrío no es tan libre como se cree, porque no recuerdas o desconoces a qué hora tomaste tantas decisiones que te han ocasionado grandes pesares, dolor, tristeza o soledad. A veces hasta has creído que todo lo que has vivido fue impuesto por un dios autoritario y vengativo.Pero si observas bien tu estructura, tu anatomía, puedes darte cuenta de que nada sucede fuera de tu cabeza, fuera de ti, lo que significa que absolutamente todo lo que observas es un pensamiento en tu mente, y si todo es un pensamiento, entonces nadie que no seas

117

tú puede penetrar en ella para alterar su contenido, nadie excepto tú puede modificar las creencias, los recuerdos e incluso la decisión de poseer o no libertad para elegir. Si crees que no tienes el poder de elegir, pues así es, y tu vida dependerá de esa creencia, así que vivirás a expensas de las elecciones que otros han hecho sobre ti. Si crees que tienes el poder de elegir cada minuto de tu existencia y que elegiste estar aquí ahora, entonces tu vida dependerá de esa creencia y podrás escoger cómo vivirla. Considero que incluso el hecho de no poder elegir viene determinado por una elección anterior, así que el libre albedrío te ofrece tanta libertad como tú la quieras aceptar. Aunque no puedas recordar en qué momento elegiste vivir esta vida como la has vivido, en realidad lo hiciste, porque tú lo eres todo, no hay separación entre tú y todo lo demás.

Asimilar el concepto del alma te permite comprender la idea de que "todos somos uno" y que, por lo tanto, las opciones que habitan la mente universal, el espacio o el tiempo son múltiples; cuando piensas en ti como un solo sistema compuesto por otros sistemas en pequeña escala, tus elecciones no pueden hacerte daño, porque sabes que cualquier opción que elijas constituye una parte de un todo en el que no tienen cabida las equivocaciones y a la vez comprendes que todas y cada una de tus decisiones organiza la vida de muchas personas a tu alrededor; además, siempre que se trate de ti, actuarás de acuerdo con la vibración más elevada, que es el amor. Seguramente en alguna ocasión has deseado alterar, modificar o eliminar alguna situación dolorosa de tu pasado, tal vez porque crees que si pudieras cambiar tu vida anterior serías más feliz de lo que eres ahora, y esto no es más que un engaño de tu mente para que continúes en el mismo círculo vicioso que te hace preguntarte por qué fuiste castigada con tan mala suerte o con una vida tan difícil; esta necesidad compulsiva de regresar al ayer una y otra vez genera un dolor que no termina y que te impide observar a tu alrededor las señales que te pueden guiar hacia tu conexión con la Inteligencia

Divina. El arrepentimiento, la duda de cómo habría sido tu vida bajo otras circunstancias, la sensación de haber procedido de manera incorrecta, la nostalgia, el pesar y la pena porque todo sucedió contrario a tus deseos, no son más que peldaños en la escalera de la vida, en los que puedes detenerte, avanzar o retroceder, según tu propia voluntad o dependiendo de las necesidades que tenga que experimentar tu Ser.

Antes de arrepentirte de tu vida pasada o de tus actos, reflexiona en el hecho de que si viajaras en el tiempo hacia atrás y tuvieras la oportunidad de corregir lo que tanto te lastima, entonces habrías alterado totalmente lo que sucedería después y habrías ido por otros caminos distintos a donde estás ahora y tampoco habrías tenido oportunidad de leer este libro o de disfrutar las cosas bellas que tienes ahora. Puede ser que aún ese otro camino probable fuera perfecto para ti y que avanzaras de acuerdo con lo que se te presentara de ese otro lado del camino, pero yo me siento feliz de estar en tu mundo, de relacionarme contigo y de transmitirte lo que yo he aprendido. Como siempre, tienes dos caminos ante ti, uno de ellos te guía hacia el arrepentimiento y la culpa por lo que fue o no pudo ser y el otro te lleva hacia la aceptación de tu pasado como la semilla que vio nacer a quien eres ahora. ¿Cuál camino eliges?

Hay una película llamada *El efecto mariposa,* en la cual el protagonista tiene el poder de alterar lo ocurrido en el pasado por medio de las fotografías, así que se decide a cambiar todo lo que no le agrada de su vida y regresa el tiempo, modificando todo y alterando los comportamientos de las personas que le rodean, encontrando más problemas que los de la vida que había tenido antes. El mensaje de esta película es interesante, porque te demuestra cómo la elección que haces, la decisión que tomas, siempre es la que más necesitas para aprender y cómo el hecho de aceptarlo o de saberlo, te permite encajar fácilmente en la realidad que has elegido.

He escrito en párrafos anteriores que un sentimiento muy humano es el de considerar que el momento presente tendría que ser diferente, que podrías estar en otro lugar con personas diferentes a las que ves; te pasas una vida entera anhelando lo que no tienes porque crees que así eliminarás la infelicidad que habita tu corazón, pero la vida no funciona así, porque a nivel inconsciente tú elegiste lo que estás viviendo y si aún después de saber que eres quien ha planeado tu vida ni siquiera puedes estar conforme con tu elección, entonces apóyate por no comprenderte, apóyate cuando más lo necesitas, que es precisamente el instante en el que te criticas; lo mejor de todo es que tienes la libertad de aceptarte por no estar conforme, siempre tienes el poder de elegir, a cada instante lo estás haciendo.

Sin duda alguna, la vida es más fácil cuando permites que un poder superior haga su voluntad por medio de ti, cuando eres el instrumento que utiliza el Universo para realizar su gran obra; la vida es más sencilla cuando asimilas que todo lo que llega a ti es producto de una necesidad que de algún modo está siendo satisfecha.

Todas tus elecciones son perfectas en el desarrollo de la conciencia individual y colectiva; si tomas la opción A, se despliegan ante ti una gran variedad de situaciones necesarias en tu proceso de vida y por lo tanto útiles para los procesos de vida del colectivo; si tomas la opción B, de igual manera se despliega la vida ante tus ojos para que puedas vivirla de acuerdo con lo que te va mostrando. Todo el tiempo estás ejerciendo tu libre albedrío aunque ni siquiera lo sepas, a cada instante tienes intenciones que influyen en tu estado de ánimo, en tus esperanzas, en los resultados que consciente o inconscientemente esperas. Ahí reside la magia de la vida, en ese poder invisible de elegir aceptación en lugar de dolor; en la satisfacción de escoger la mejor de las opciones apoyada en la inteligencia que te caracteriza por ser quien eres.

La muerte de un ser querido puede significar un intercambio; puedes obtener algo fabuloso a cambio de esa pérdida o también puedes creer firmemente que tu vida aquí se ha terminado porque te quedaste sin motivos. Tú eliges cómo interpretar esa ausencia, tú puedes redefinir el concepto de muerte e influenciar a muchas personas que han enfermado por no poder superarlo. Puedes elegir considerarte el Universo mismo o considerarte una pequeñísima parte de él; ahí radica la diferencia entre tu poder para asumir los retos de la vida o tu sumisión ante ese Dios implacable que espera sentado en el Cielo a que cometas errores para castigarte.

Uno de los mitos griegos que más me gusta, por su estrecha relación con la perfección de nuestra realidad relativa, es el del Minotauro, he escrito sobre esto en mi blog. Este personaje con cabeza de toro y cuerpo de hombre nació de la unión entre Parsífae (esposa de Minos, rey de Creta) con un toro blanco que le fue regalado a este por Poseidón, con el fin de que fuera sacrificado como parte del pacto entre Minos y el Dios de los Mares. Pero el rey Minos quedó maravillado con el toro y sacrificó otro animal en su lugar, pretendiendo engañar a Poseidón, quien se dio cuenta y tomó venganza haciendo que Parsífae la esposa de Minos se enamorara perdidamente del toro. Entonces, de la unión entre ella y el toro nació Asterión, el minotauro con cabeza de toro y cuerpo de hombre, que, en mi opinión, representa fielmente la polaridad como parte de un todo, a la unión de los opuestos como la fuerza que impulsa la vida y también simboliza el rechazo que de manera natural sentimos hacia lo que hemos llamado "el Mal".

Los seres humanos nos sentimos obligados a elegir al Bien en lugar del Mal, porque esto nos hace "buenos" y merecedores de un premio final, de manera que constantemente estamos haciendo las elecciones que consideramos correctas para nuestra vida, porque llevamos una carrera a toda velocidad hacia ese lugar donde se nos juzgará o cuestionará por comportarnos de determinada manera aquí en la Tierra. Lo que ignoramos es que no es posible separar al Mal del Bien, así como tampoco es posible separar a la noche del día o la salud de la enfermedad, no es posible separar al todo, porque ya es uno. La unidad es la que permite que vivamos en un planeta de eventos relativos, donde cada uno de ellos depende de nuestro juicio para poder ser; así es como nace el poder de elegir; así nos convertimos en jueces de nuestra propia existencia. Es precisamente la necesidad de hacer el Bien y de ser una buena persona lo que nos impulsa a rechazar su opuesto, a odiar a los contrarios, y en ese rechazo nos convertimos en lo que cuestionamos.

Si por ejemplo, en este instante recordaras todos los actos que el ser humano ha llevado a cabo para gobernar el mundo, te encontrarías de frente con cosas como la Inquisición, los genocidios, los asesinatos y las guerras, la tortura, el abuso, etcétera. Si trajeras este dolor a tu mente sólo para comprobar lo que he escrito, ¿qué sentirías? Tal vez sentirías unos deseos locos por utilizar todos estos instrumentos en contra de quienes los crearon para torturar. ¿Tendrías ganas de regresar a la oficina de Hitler y no digo pegarle un tiro, sino llevarlo personalmente a la cámara de gas? ¿Tendrías deseos de esto y de algo más? Por supuesto que sí. Es lo normal cuando eliges ser una buena persona que juzga la maldad, ya que el rechazo de la maldad te hace parte de ella. Elegir la bondad y juzgar la maldad significa trasladarte del lado de los que consideras malos y utilizar sus mismos argumentos; significa olvidar que un pensamiento tuyo creó la muerte, la violencia, el dolor humano. Entonces elige amar las dos caras de la moneda, ama los opuestos y encontrarás el secreto para vivir mejor.

Has definido que lo "bueno" es necesario, aprobado, placentero, celestial, espiritual, y que lo "malo" es innecesario, desaprobado, oscuro, terrenal, doloroso e impuro. Pero en el mismo instante en el cual elegiste "lo bueno" pusiste en marcha el mecanismo que tanto cuestionas y calificas como negativo. Al rechazar o calificar la enfermedad, también alejas la salud; al rechazar la tristeza, también lo haces con la alegría; al rechazar la actitud de alguien más, inevitablemente te rechazas a ti misma, porque todo es parte de lo mismo, todo lo que existe es indivisible e inseparable. La mejor manera de curar el cuerpo es mediante la integración de todas tus experiencias, sin juzgarlas, sin pretender cambiarlas, porque cada sentimiento, cada emoción que llega a tu conciencia, por muy desagradable que sea, lleva una enseñanza, una lección que sólo podrá ser percibida por ti cuando elijas aprobarte bajo cualquier circunstancia. Sientes terror ante la posibilidad de aprobarte, porque crees que si lo haces, todo lo desagradable se quedará contigo, pero es al contrario; entre más aprobación obtengas de ti misma, menos necesidad tendrás de re crear las situaciones que te causan dolor.

Muchas personas me han dicho que con la práctica de las 4 palabras que curan han sentido mucho dolor, lágrimas, abandono, soledad y que, por lo mismo, se preguntaban una y otra vez si esto es en realidad corregir un error. De modo que siempre les dije que un procedimiento curativo no juzga ni limita, sólo ama, y este sentimiento permanece eternamente unido a cualquier emoción; entonces, cuando hay lágrimas, dolor, angustia y ansiedad en un tratamiento de amor, lo más probable es que él mismo te guíe hacia la paz por medio de la integración de tus sentimientos.

Integras tus emociones cuando las unificas. Por ejemplo, si sientes miedo, en lugar de huir de él o tratar de esconderlo, lo que haces es bendecirlo, aceptarlo, amarlo. Si logras llegar al punto máximo de tus miedos, entonces dejarás de temerles. Esto es algo que aprendes con el tiempo; no te exijas demasiado, por favor, ten mucha paciencia, mucha tolerancia con tu aprendizaje. Todo ello va llegando en el mejor momento para ti; hay una Inteligencia Divina detrás de todo esto. Integrar las emociones es algo muy práctico, consiste en observarte mientras experimentas enojo, ansiedad, temor o dolor. En el mismo instante en el que eres testigo fiel de tu emoción, ella tiende a desaparecer, porque se siente observada y desprotegida por el bullicio de tu mente, quien siempre le brinda protección. El diálogo que utilizas contigo cuando estás desconectada de las palabras sanadoras es tu apoyo en la tarea de integrar todas tus emociones para volverlas una sola; por eso es importante que pierdas el gusto, el deleite de amargarte la existencia con la idea de que alguien te hizo o quiere hacerte daño; lo mejor es entregarte, renunciar y aprender a observar tu rostro bajo la máscara que llevan las demás personas, cuya misión primordial es reflejarte.

En una ocasión, una amiga me llamó por teléfono para decirme que estaba muy enojada con su mamá por problemas que venían desde mucho tiempo atrás; entonces lo que hice fue sugerirle que se diera permiso para sentir enojo de manera consciente y ella lo hizo. Así que comenzó expresando lo que sentía, siguió con la aceptación de su enojo, posteriormente se alegró por tener la libertad de enojarse, ya que jamás la había tenido antes, después se perdonó por haberse enojado y posteriormente lo soltó sintiéndose más ligera. Hay una gran diferencia entre lanzar los platos a la pared mientras estás enojada sin ser consciente de ello, con el hecho de lanzar el primer plato consciente de que estás enojada, consciente de lo que tienes en la mano, viviendo plenamente tu enojo. Eres libre de expresarte, de enojarte o sentir miedo o cualquier otro sentimiento que te incomode; puedes sentirlo, no hay nada malo en ello; yo hice esto muchas veces cuando estuve enojada y me decía: "*Gracias* por poder expresarme. ¡Es fantástico tener la libertad para descargar la ira!".

Es importante que no te quieras quedar enojada eternamente por el placer pasajero de sentirse víctima; por favor, siéntelo y después libéralo, sácalo de ese lugar de donde te está creando problemas, deja que se marche de tu vida. Los pasos para soltar una emoción, cualquiera que ésta sea, son los siguientes:

1. Expresa la emoción que sientes.
2. Acéptala.
3. Comprende que eres libre de enojarte o de sentir cualquier emoción; siente esa libertad.

4. Perdónate completamente por lo que rodea a tu emoción. Recuerda que siempre se trata de ti, aunque veas enemigos fuera de ti, siempre se trata de tu propia voz.
5. Finalmente, deja que esta emoción se marche. Dale tu permiso para irse.

El libre albedrío es una característica del alma universal, por lo tanto, jamás se te quita; puedes elegir, aunque no tengas cuerpo físico, aunque seas un bebé, aunque todavía no puedas expresarte, aunque hayas enfermado, aunque hayas muerto. Tu elección siempre prevalece, tu elección es respetada; por eso, aunque veas que un bebé es víctima de un adulto, deberás saber que en ese bebé existe un alma vieja, una conciencia que tal vez ha caminado mil vidas más que tú y que, por lo tanto, a nivel inconsciente conoce la verdadera razón de sus elecciones.

Aparte de todo, la única persona que puede calificar una situación eres tú, porque todo existe sólo en tu conciencia, así que puedes utilizar las experiencias dolorosas que ves en otras personas para borrar las memorias que te relacionan con ellas. El don de elegir nos fue dado para experimentarlo todo; no obstante, la mejor elección, la que siempre va a traer equilibrio a tu vida es la de pronunciar las 4 palabras que curan para hacer contacto con la Inteligencia Divina. Éste es el punto a donde finalmente tiene que llegar la mente humana.

Todo lo que he escrito aquí ha funcionado para mí y para muchas personas en el mundo; no es la primera vez que se dice, pero tal vez es el mejor momento para que tú lo aceptes y por eso se ha escrito de nuevo. Yo elegí este camino, continúo aprendiendo de todo lo que en él encuentro, continúo aprobándome aun por todas esas cosas que intento desaprobar de mí misma. Considero que el libre albedrío nos permite sentirnos seguras en cualquier espacio, en cualquier sendero, sin el miedo de morir, sin el miedo de vivir, sin la desesperanza acechando a cada instante y con la certeza de que el camino elegido nos guiará hacia etapas maravillosas de nuestra propia conciencia, donde también hay nuevas decisiones por tomar.

Las palabras sanadoras expresan la aceptación de quiénes somos y de cómo hemos elegido vivir, la libertad para elegir de qué manera vivir en la Tierra y el gozo eterno de sentir lo que es.

Capítulo Dieciséis

❧

Vidas paralelas

Si has estado buscando respuestas, es probable que hayas descubierto que eres energía, y que si colocas cualquier parte de tu cuerpo bajo el microscopio ideal, observarás partículas de luz en movimiento, las cuales conforman todo lo que tus sentidos pueden percibir, de manera que todo está hecho de lo mismo que tú. Bajo la piel de tu cuerpo se esconde otro universo repleto de células, átomos y energía, mismo que contiene toda la información que necesitas para continuar evolucionando en tu realidad. Estos átomos que están en permanente movimiento se unen con las demás partículas, átomos y moléculas que existen a tu alrededor y en todo el universo para continuar formando un todo, de manera que tú puedas cambiar la composición de tu cuerpo a cada instante. Es como si tú fueras un movimiento perpetuo de partículas que entran y salen de tu ser para crear una nueva persona, a la vez que otra parte de ti se encuentra limitada a sus pensamientos y que por medio de ellos busca y encuentra la salida a muchas de sus encrucijadas.

La composición energética humana es algo que se conoce desde hace milenios. Por esa razón un filósofo antiguo llamado Heráclito dijo: "Nadie se baña dos veces en el mismo río". Y esto es porque el río es una corriente de agua que siempre fluye, así que cada vez que entres en él, encontrarás aguas nuevas. Esta analogía ilustra aún más la verdad sobre tu cuerpo y sobre tu Ser; tú eres igual que el río (tal como lo escribió Hermann Hesse en *Siddhartha*) cada vez que respiras incorporas en ti la energía vital que creó el Universo y que recorre tu anatomía recreándola, unificándola con todos los demás seres que existimos a tu alrededor. Por eso la respiración es la base de la vida, es la conexión con la existencia y con el campo infinito de posibilidades que siempre ha estado ahí para ti y que a la vez eres tú.

Para hablar de vidas paralelas hay que hacer referencia al tiempo como una necesidad que te permite ordenar y clasificar tus vivencias y pensamientos en pasados, presentes y futuros; esto hace que permanezcas atada al pasado, sin estar presente en el momento actual, y que de repente te traslades al futuro, para realizar planes o para asustarte con tus miedos. Lo contradictorio es que a pesar de que estás fuera del tiempo presente casi siempre, o sea que la mayor parte del tiempo estás dormida, no puedes darte cuenta de que el tiempo es algo mental y que por lo tanto se encuentra en tus pensamientos, así que no puedes darte cuenta de que todo está sucediendo simultáneamente y te encuentras en este momento en muchos lugares a la vez. Se ha dicho que separar al tiempo en pasado, presente y futuro te protege de los sucesos que están ocurriendo en tus vidas simultáneas, porque así puedes manejar inteligentemente cada suceso de tu vida. Si por ejemplo, tuvieras conciencia de que ahora mismo una parte del Ser multidimensional que eres se encuentra sentada cenando al lado de Jesucristo, podrías tal vez pensar que te estás volviendo loca, y en realidad así es como funcionas, en eso consiste la energía que eres y naturalmente estás aprendiendo a manejarlo; ya irá tomando forma en el momento más oportuno para tu conciencia. Todo está sucediendo en el momento presente, toda la historia que aprendiste está aquí ahora, y para ayudarte a comprender esto más fácilmente, enumero los siguientes postulados:

1. Sólo existe una conciencia universal en este instante y se trata de ti. Así que para aprender tu lección de vida me has creado a mí, así como todo aquello que pueden percibir tus sentidos; así es como puedes comprender, por ejemplo, que estás viviendo el año 2011.

2. Esa conciencia universal que eres tú también ha creado un espacio en el cual se desarrollan sus componentes a nivel individual (o sea que tú eres ese espacio donde yo, como componente tuyo, puedo desarrollarme).

3. Esos componentes individuales o esas conciencias que dependen de ti (como la mía) están aprendiendo con base en sus propias percepciones, que nacen de acuerdo con las tuyas según sea su necesidad, que es la misma tuya. Algunas de estas conciencias individuales pueden vivir por ejemplo en el año 500 antes de Cristo y otras en el año 3000.

4. Todas las posibilidades ya han sido creadas, en virtud de que todo está sucediendo en el momento presente. Por eso ya existen todas las versiones de ti misma que puedas imaginar. Tú viniste a elegir, no a crear. Sin embargo, utilizamos la palabra *crear* o *recrear* para hacer énfasis en la importancia que tiene el proceso de pensamiento, y también utilizamos la palabra *curar* para jugar un poco con el lenguaje que tenemos grabado. No obstante, todo ya ha sido creado y en realidad no hay nada que curar, porque salud y enfermedad van de la mano.

Todas las vidas y todos los eventos están ocurriendo en el ahora; los seres humanos nacemos con el poder de elegir en qué época despertar y el tipo de experiencias que anhelamos tener. En algunas ocasiones, cuando dormimos, nos trasladamos a diversas épocas por medio de nuestros sueños y así es como nos descubrimos volando o vestidos con harapos en espacios extraños, donde a veces somos hombres o mujeres, y también viajamos a aquellos lugares donde hemos sido reyes, reinas o esclavos, entre muchas otras experiencias. Los sueños son esos instantes en los cuales nuestra alma es libre de expresarse, de comunicarse con nosotros en formas tan diversas que a veces creemos vivir fuera de la realidad. Si las vidas no ocurrieran en forma paralela, nuestros sueños no serían tan reales, tan vívidos y tan cargados de emociones intensas.

Einstein demostró la importancia que tienen el espacio y la velocidad en nuestra definición del tiempo, el cual va cambiando dependiendo de cómo lo interpretamos. ¿Recuerdas bien lo rápido que transcurrió el tiempo en tu primera cita con esa persona que tanto te gustaba? ¡Se te volvió un minuto! ¿O recuerdas cómo esos quince minutos metida en el tránsito se convirtieron en tres horas? Pues bien, esto hace que el tiempo sea algo relativo, porque es un evento que depende de tu criterio para ser calificado. No existe fuera de ti.

Recuerdo bien aquel libro de J. J. Benítez llamado *Caballo de Troya I*, en el cual narra de manera asombrosa un viaje que hizo al pasado y en el cual tuvo la oportunidad de conocer a Jesucristo y de presenciar algunos pasajes de su vida, pasión y muerte. Debo confesarte que a medida que iba leyendo el libro, yo sólo pensaba en cómo podía ser mentira algo relatado con tanto detalle y coherencia. Para mi mente, los viajes en el tiempo eran y son sucesos fáciles de aceptar, ya que he viajado mucho con mis pensamientos sin ser del todo consciente de esto. Además, si nos fijamos atentamente en los detalles, nuestro cuerpo físico, con toda su estructura y funcionamiento, es la revelación de que somos una obra misteriosa, mágica, maravillosa, entonces, ¿qué podría ser más sorprendente que nosotros mismos? Si comparas cualquier aspecto increíble de la vida con tu propio Ser, podrás darte cuenta de que si tú existes, entonces todo, absolutamente todo lo demás también puede existir. Actualmente es más fácil la asimilación de estos sucesos gracias al desarrollo de la conciencia humana y a la influencia de la física cuántica, que va revelando detalles asombrosos sobre los átomos, las ondas y las partículas; es así como se ha podido determinar que la anatomía humana es un movimiento de átomos que viajan a determinada velocidad para poder ser visualizados en este espacio que habitamos; si esa velocidad aumentara, entonces seríamos invisibles para la conciencia de este mundo y podríamos ser vistos en cualquier otro lugar o en cualquier era de este espacio. ¿Te suena a ciencia ficción? Más vale que no sea así; no temas explorar más allá de las fronteras de lo que te enseñaron. Analiza bien todas esas películas catalogadas como futuristas o de fantasía, observa bien esos monstruos, esos rostros sin forma, esas estructuras que son las naves espaciales y después pregúntate: ¿si todo lo que el ser humano tiene en sus pensamientos son memorias o recuerdos, entonces todos estos seres y películas, también lo son? La respuesta la tienes tú.

Si estás aquí leyéndome y eres la fusión de muchos puntos de luz, entonces todo es posible en tu mundo. Sé que en algún momento de tu vida has tenido presentimientos, premoniciones o sueños que después se vuelven parte de tu realidad y que por eso te preguntas cómo pudiste predecirlo o saberlo, si aún no lo habías vivido. La razón es que tu yo "futuro" (por llamarle de la manera acostumbrada) te comunica en tus sueños de alguna experiencia agradable o desagradable para que decidas qué hacer al respecto en el momento presente, y es cuando tú borras memorias por lo sucedido en tus presentimientos o en tus sueños. Hay una versión de tus "yoes" en todas las eras de la humanidad, tú eres todos esos otros seres, viviendo en cuerpos individuales y actuando como si no lo supieras.

Los temas como tiempo, energía y espacio guardan una estrecha relación con tus sueños o sea, aquellas vivencias que tienes cuando duermes, esos viajes que realizas a otros mundos sin tener que llevar un cuerpo físico ni una vestimenta y en los cuales puedes volar, aparecer y desaparecer, predecir un instante futuro, convertirte en un animal o una planta y dónde estás receptiva al infinito y eterno mar de posibilidades que hay a tu alrededor. Cuando cierras tus ojos, te encuentras frente a frente con la verdad y sin miedo alguno habitas ese espacio en el que eres tú, sin mentiras, sin ilusiones, sin límites. Cuando abres tus ojos, nuevamente piensas en tus sueños y en aquellos mundos a donde fuiste cuando dormías, recuerdas a esas personas que volviste a ver, aunque creías que se habían ido para siempre, recuerdas que hablaste con ellas como si aún estuvieran físicamente a tu lado, las sentiste tan reales que sientes algo de nostalgia al despertar y no poder tocarlas como en tus sueños. Tal vez sea que cuando duermes, vives, y cuando despiertas, sueñas. Todo depende de cómo lo quieras observar.

Sin embargo, todo está sucediendo ahora, porque el momento presente está tan cargado de poder que no puede existir algo fuera de su dominio, así que la historia de la humanidad con sus protagonistas se encuentra en un mismo espacio con el presente y con el futuro, aunque nuestra lógica piense que todo es parte del ayer. Las vidas pasadas que se pueden recorrer a través de regresiones (terapias en las cuales se toma conciencia de cada vida anterior) son una manera de conocerte. Les llamamos *vidas pasadas,* porque tenemos la necesidad de crear momentos que supuestamente vamos dejando atrás y que van definiendo nuestro progreso, avance o evolución. Por ello creemos en la muerte, porque es la oportunidad de ponernos en paz y de mostrar lo que hemos aprendido. Pero en realidad todo ocurre dentro de un gran espacio, como si fuera una cancha de futbol en la que cada uno de sus elementos o jugadores representa una era diferente con sus propias características, con las situaciones ideales para cada una de ellas. Así es como la Prehistoria, la Edad Media, la Edad Moderna y el momento actual son los componentes paralelos (que aparentemente no se tocan) de ese gran espacio que eres tú, por eso eres quien observa y quien interpreta.

La regresión a vidas pasadas fue un excelente método de autoconocimiento que desarrolló el doctor Brian Weiss, quien escribió varios libros al respecto, entre los que se destaca *Muchas vidas, muchos maestros,* donde relata paso a paso su experiencia con Catherine, una paciente con la cual conoció el mundo que esconden los recuerdos. Actualmente es usual que muchos terapeutas utilicen la regresión con sus pacientes, para que éstos puedan encontrar las raíces de sus molestias, lo cual es efectivo y a la vez muy positivo en la vida de todas estas personas, incluido el terapeuta; a veces puede resultar doloroso el hecho de regresar y revivir el dolor sufrido en otras vidas, aunque lo más probable es que para todos ellos, esta vivencia sea algo necesario.

Creo que las regresiones son experiencias positivas, porque son una herramienta de mucha ayuda en las vidas de millones de personas que quieren saber cómo han vivido y qué las ha traído hasta aquí. Esto es algo muy tentador, porque te permite conocer las causas exactas de tus situaciones difíciles, siempre y cuando estés en presencia de un experto; de esto depende el éxito de la sesión. No obstante, debo hacer de tu conocimiento que la práctica de las palabras mágicas elimina la necesidad de viajar a tus otras vidas por medio de una regresión; actualmente puedes prescindir de los recuerdos para llevar tu atención hacia la energía sanadora que va directamente hacia donde reside la causa de tu problema, sin que puedas darte cuenta de ello. De manera que no hay dolor al borrar memorias; al contrario, se sienten una gran paz y una sensación de plenitud que casi te hace flotar.

Con la práctica de las 4 palabras que curan aprendes a participar activamente en tus sueños; de repente te encuentras visitando mundos oscuros que creías desconocidos y te descubres borrando recuerdos automáticamente, como si estuvieras despierta en ese lugar. He tenido esta experiencia durante muchos de mis sueños y quiero compartir una de ellas, que no creo olvidar. Cuando iniciaba mi viaje al conocimiento con este fabuloso tratamiento de amor, tuve un sueño en el cual me encontraba en una cárcel subterránea donde había pasillos con celdas en las que muchas mujeres se lamentaban. Yo caminaba por uno de estos pasillos y tocaba sus manos a través de los barrotes mientras les decía: *"Lo siento. Perdóname. Te amo. Gracias"*. Así que me desperté pensando en que durante mis sueños había borrado registros con muchas personas que lo estaban necesitando; no había una época definida en mi sueño por lo que me pregunté: "¿Mi viaje fue al pasado, al presente o al futuro?". Y me respondí de inmediato: "¡Y yo qué sé!". No podía saberlo, pero estuve ahí, así como esas mujeres también estuvieron conmigo en ese lugar. Los sueños son la puerta al mundo real, es en ellos donde somos energía pura, seres ilimitados, infinitos, invulnerables, eternos; por eso dormimos, para conectarnos con nuestro Yo real y así descansar de las pesadillas que vivimos con los ojos abiertos.

Por ejemplo, si ahora te encuentras trabajando en tu oficina y de repente llega a tus recuerdos tu hogar, éste se convierte en sólo una posibilidad y lo único que lo convertirá en algo casi real es tu percepción a través de tus sentidos. Mientras no estés en él, no sabrás si existe realmente, ya que sólo cuentas con un recuerdo, pero apenas llegues a él y observes todo lo que lo conforma, entonces podrás decir que contiene algo de realidad, porque lo estás viendo. Y aun así habría que estudiar qué tan real es lo que miramos.

En síntesis, eres tú quien puede elegir qué observar, qué mirar y qué hay por sanar; eres tú la dueña de tu realidad. No todas las personas tenemos la misma versión del mundo que miramos por las mañanas; en pocas palabras, aunque habitamos el mismo planeta, cada quien tiene una versión distinta del mismo. Esto hace que la realidad no sea una sola o que sea relativa.

Entonces tú ya eres todo eso que anhelas, tú ya eres todas las versiones de ti misma en un mismo espacio, tú ya estás con todas esas personas que amas en un mismo lugar, aunque aquí en tu aparente realidad las consideres muertas; tú eres la totalidad, eres el pasado, el presente, el futuro y el espacio donde estos acontecimientos ocurren. Las vidas son paralelas, porque son como líneas que siguen caminos independientes y no se cruzan (por eso se ven tan distantes), mientras son sostenidas en el espacio que las observa detalladamente.

Si el alma y la mente son parte de lo mismo, encontrándose individualizadás en cada ser vivo, objeto o planta en el planeta, es bastante lógico que existan otras versiones tuyas en varios espacios a la vez, alternando simultáneamente con los demás seres que se encuentren allí y con los cuales puedes estar interactuando aquí. Es por esta razón que cuando ves a los ojos de otras personas o cuando las sientes cerca de ti, tienes la impresión de que las has conocido "antes" y lo que sucede realmente es que ese encuentro, esa relación con esas personas también tiene lugar en otros espacios del ahora, donde todo es posible, donde puedes ser mujer, hombre, niña, niño, femenina, masculino o algo más que ahora "no recuerdo".

La pronunciación de las palabras mágicas traslada tu conciencia a esos mundos en los cuales aparentemente duermes, para sanarte, y de paso a todas las conciencias que se encuentren bajo tu misma vibración. No tienes que ser consciente de ello, es un proceso perfecto. Tu intención de amar viaja directamente a la causa de tus conflictos, aunque ésta haya sido olvidada por ti, aunque se encuentre en ese tiempo que sólo tu inconsciente conoce.

Capítulo Diecisiete

❧

4 palabras secretas y la ley de atracción

Las 4 palabras que curan son secretas, aunque son aprendidas desde muy temprana edad por todas las personas; lo que sucede es que no toda esta gran cantidad de gente sabe qué hay detrás de ellas o cuál es su utilidad principal. Aparte de todo, tú puedes darte cuenta de que se las has transmitido a algunas de tus amistades y muy pocas de ellas las han adoptado como lo que son. Esto sucede, porque no todas las personas se encuentran listas para borrar sus registros, ya que pueden estar evolucionando de forma más lenta o incluso de otra forma. Por eso, las 4 palabras son secretas, porque el hecho de que conozcas su significado real no significa que sean para ti.

Sé muy bien que toda esta información no es muy digerible para una parte de la humanidad, que refleja los cambios que aún hay hacer a nivel individual. Cuando le he mencionado a algunas personas del poder sanador de las palabras, ellas me dicen: "Vivi, yo no creo en eso". Y yo simplemente me digo: "Veo que tengo en las manos un gran secreto que no quiere ser revelado a todo el mundo". Y esto es algo real; observa que todas aquellas personas que se resisten a sanar su mente no pueden tener acceso a la libertad emocional que tal vez tú ya has obtenido o que estás en proceso de recibir, porque para ellas es difícil abrir su mente a conceptos un tanto "extraños" o muy *new age*. Es tanto como si la información sólo estuviera disponible para cierta cantidad de personas que reúnen las características necesarias para que la sabiduría pueda anclarse en ellas. Tú eres parte de ese grupo ahora. Que no te importen mucho esos pensamientos que flotan en tu espacio diciéndote que esto no funciona o que sólo es literatura comercial, palabrería barata, etcétera; tú sólo pruébalo, no te limites a cuestionarlo, atrévete a probar lo que aquí se dice y se hará realidad para ti. Si percibes que todo es falso, entonces habrás tenido la razón cuando pensaste que eran conceptos raros y encontrarás eco a tu alrededor; hallarás otro camino en el que tarde o temprano volveremos a encontrar. Por lo pronto, continúa leyendo sobre el secreto que tú ya conoces, mientras permites que la diversidad de conceptos y pensamientos enriquezca tu existencia.

La parte más compleja de la ley de atracción es que sólo se puede atraer lo que ya se tiene y esto no suena nada fácil, porque confunde un poco; significa exactamente que si deseas dinero, tienes que ser rica primero para poder atraerlo a tu realidad y esto riñe totalmente con la lógica de tus pensamientos.

Entonces comienzo a desenredar esta red de ideas en tu cabeza. Resulta que tú ya eres todo eso que anhelas ser; en este momento hay una versión tuya que sonríe de felicidad por sentirse saludable, próspera y amorosa, mientras que hay otra versión que pide a gritos un poco de paz. Tu papel en el juego de la atracción es elegir cuál versión deseas traer a tus sentidos. Ten en cuenta que ya posees todo eso que anhelas, porque eres la única conciencia que existe y lo que necesitas es elegir lo que deseas experimentar; por eso tu manera de ver la vida juega un papel fundamental en la manifestación de tus más elevados sueños. Por ejemplo, ahora puedes elegir: ¿ya tienes lo que deseas o todavía lo estás esperando? De tu respuesta depende ese sentimiento que da la alegría de tener algo y que se esparce como una onda por todo el espacio universal y que es recibido por la Inteligencia Divina, para que así te permitas recibir lo que elegiste.

Una ley es exacta, inmodificable, algo que no se puede transformar y que simplemente es. Así es la ley de atracción, siempre funciona, creas en ella o no, porque existe independientemente de ti y, por lo tanto, tiene que ver con la energía que emana de ti para atraer o rechazar todo lo que sucede en tu vida. La ley de atracción va más allá de lo que conoces; has aprendido que a nivel energético atraer es jalar o presionar lo suficiente hasta que eso que anhelas llegue hasta donde estás, y así es como has vivido todo el tiempo. Puede ser que creas que el forzar las situaciones funcione, pero será por un instante muy breve. Los seres humanos estamos diseñados de tal manera que no tengamos que esforzarnos por obtener lo que necesitamos, porque esto siempre llega a nuestro presente y de nosotros depende el aceptarlo o el rechazarlo.

Vamos a suponer que en este momento te encuentras trabajando en un lugar que no te gusta, en un ambiente laboral hostil y con personas que no te caen bien. En este aspecto de tu vida, como en todos, tienes la opción de elegir: entonces asumes que estás en el lugar y en el momento que necesita tu conciencia tal vez para borrar memorias con todo lo que te rodea, quizá para aprender, para enseñar algo a quien lo necesite y que, por lo tanto, eres muy afortunada; puede ser incluso que decidas marcharte porque la energía del ambiente es demasiado densa o también puede que consideres que la desgracia siempre recae sobre ti, que de toda tu familia eres la única que trabaja en esa forma, porque todos los demás han creado su propio negocio y son cada día más prósperos, lo que te ubica en franca desventaja; por lo tanto, crees que llueven desgracias sobre ti. Me pregunto cuántas veces al día te la pasas riñendo con las circunstancias que hay a tu alrededor; durante cuántos instantes en tu día desaprovechas el momento presente, mientras reniegas de la vida que te tocó, de la familia que elegiste o de tu modo de ser. Has aprendido a cuestionarte y a ser implacable cuando de criticarte se trata. Que si hubieras hecho esto o lo otro, no estarías aquí; que si hubieras escuchado a tal persona, no habrías obtenido estos resultados; entre muchos otros pensamientos dañinos, así que, por favor, detente. Respira profundamente y perdónate completamente antes de continuar.

Si anhelas una hermosa mansión, una colección de automóviles clásicos o un si deseas un nuevo empleo, es buena idea que analices cuál es el sentimiento que buscas al comprar todos esos bienes o al iniciar tu trabajo en tal empresa. Yo sé que ese sentimiento que persigues se llama *paz*. Tú anhelas plenitud, felicidad, paz interior, y por eso tienes el deseo ferviente de obtener bienes económicos que puedan traer estos sentimientos a tu vida, y todo eso está muy bien, pero también puedes preguntarte si es posible para ti sentir paz ahora mismo, si es posible para ti el permitirte experimentar la tranquilidad que está escondida en cada uno de tus deseos. Yo creo que tienes entre manos las bases para lograrlo, se trata simplemente de utilizar lo que ya posees para buscar la emoción ideal.

Tu primer paso es aceptar plenamente el momento ideal y para lograrlo puedes utilizar la palabra *gracias*. Si haces de la gratitud un hábito, descubrirás que no necesitas nada, porque ya todo lo tienes, y esto se hará una realidad para ti. *Gracias* por lo que tienes o por lo que no tienes; *gracias,* porque no comprendes o porque todo lo comprendes fácilmente; das las *gracias* por la oportunidad de estar con vida, porque ni siquiera sabes qué tuviste que hacer para tener cuerpo físico. En fin, sé agradecida.

El conocimiento te hace libre; el saber que todas las posibilidades se encuentran dispuestas simultáneamente en un mismo espacio y que accedes a él por medio de la pronunciación de las palabras que ya conoces facilita que adquieras la conciencia de prosperidad necesaria para que puedas ser próspera. A esto me refería cuando inicié el capítulo, a que tienes que adquirir conciencia de prosperidad para poder recibir lo que es su esencia. Si desde ya consideras que todo lo tienes y que por lo tanto no careces de nada, así se manifestará todo en tu vida. Los decretos, las afirmaciones positivas y las palabras curativas se apoyan en esta gran verdad. Presta atención a todo lo que observas y te darás cuenta de que lo que te desagrada siempre proviene del ayer: tu carro viejo, tu cuerpo o tu casa, tus relaciones traumáticas, tus penas y todo lo que rechazas viene del ayer. Esto te da la oportunidad de pensar que en el momento presente eres diferente, eres perfecta; así que cuando afirmas que eres rica, estás hablando de algo verdadero, porque es parte del ahora que no puedes ver por estar demasiado ocupada recordando lo que fue o lo que no pudo ser.

En cuanto estés conectada con la gratitud, sentirás que estás en el lugar perfecto, con las personas ideales y con la vida que necesitas; esto te permitirá sentir tranquilidad, calma, paciencia, tolerancia, bondad. Mientras no sientas esto, significa que aún no conectas con la esencia de la palabra *gracias*, así que pronúnciala hasta que sientas que en verdad estás agradecida por tu vida.

Tu segundo paso es amar todo lo que provenga de tu aceptación. En algunas ocasiones, una enfermedad puede ser la respuesta a una plegaria, una recesión económica puede ser la solución definitiva a problemas familiares que venían de tiempo atrás o la ruptura de una relación puede ser el inicio de lo que siempre habías anhelado. En pocas palabras, tu misión es verle la rosa a la espina y no la espina a la rosa; en esa forma siempre hallarás alegría dentro de ti.

Normalmente, cuando experimentas una situación problemática, anhelas que desaparezca, haces todo lo necesario para eliminarla; quieres borrar la enfermedad, alejar la pobreza o desterrar la soledad, y para lograrlo, utilizas el mismo recurso que deseas eliminar, o sea, el miedo, por eso no te es posible sentir mejoría. Tienes miedo, pánico de aceptar tu situación, de fluir con lo que tienes en este instante, porque crees que al aceptarlo, se quedará ahí por siempre. Y la verdad es que no es posible eliminar el miedo con más miedo, necesitas experimentar su opuesto, que es el amor, y esto se logra comprendiendo la enfermedad, la escasez o la soledad como el inicio de tu curación, como una respuesta de la Inteligencia Divina y no como un castigo.

Uno de los principales obstáculos en el camino hacia la curación es el de creer que sabes qué es lo mejor para tu vida, y por eso impides que la Inteligencia Divina actúe, no te permites ser guiada, deseas imponerte ante tu Ser Superior con tu mente llena de miedo; así es muy difícil cocrear o curar. Cuando comprendas que hay una fuerza poderosa y creadora detrás de cada una de tus vivencias, entonces podrás permitir que lo mejor pueda suceder. Es en ese punto donde habrás comenzado a liberar. Por esa razón le debes gratitud a los pensamientos que llegan a tu mente consciente, porque el hecho de agradecer lo doloroso se interpreta como paz y como la transmutación del error en luz.

La ley de atracción es algo más que pedirle desesperadamente a la Inteligencia Divina que sane tu cuerpo, porque cuando pides algo es porque no lo tienes y el Universo responderá a tu pensamiento predominante, que es el hecho de no tener salud, de carecer de ella. Cuando pides algo, estás reconociendo que en tu vida sólo hay carencia. Si en cambio agradeces el pedazo de pan en tu mesa, la compañía para comer y el momento que jamás regresará, entonces recibirás su equivalente, que es la abundancia.

La abundancia, la riqueza, la prosperidad no son más que un sentimiento, o sea que se encuentran en el corazón. Para considerarte rica no necesitas dinero o propiedades, tan sólo precisas de esa conexión con tu Yo Superior. Es muy probable que encuentres alegría en la mesa de una familia de escasos recursos, porque la mamá se siente realizada al compartir una sopa con sus hijos; entonces sonríen por estar ahí juntos. También es probable que encuentres soledad en la mesa de una familia adinerada, porque la mamá se siente distante de sus hijos y con poca disposición para compartir exquisitos platillos. Con esto no quiero decir que todas las personas de escasos recursos son felices; para nada. Familias como la de mi primer ejemplo sólo pueden sentir alegría cuando sus líderes son inteligentes a nivel emocional. Tampoco quiero decir que las familias con riquezas siempre estén distantes; al contrario, ellas tienen muchas posibilidades de unión, así como muchos motivos de alegría. El dinero es importante para la vida en este planeta, por eso es necesario, y si no se cuenta con él, hay que empezar a manifestar sentimientos de riqueza desde dentro, porque es así como nos comunicamos con su esencia para poder encontrarnos.

Existe una energía que impregna y rodea nuestras intenciones, pensamientos, palabras y actitudes; muchos lectores me han preguntado cómo saben si sus oraciones están siendo correctamente formuladas, si sus afirmaciones realizadas en forma de petición tienen sentido o si la Inteligencia Divina escucha únicamente aquello que agradecen. A ellos les he respondido que la intención es el deseo de lograr un objetivo y que cada acto humano parte de una intención, que a la vez es una energía que contiene una vibración, una frecuencia, un valor, que es lo que cuenta al momento de orar. Por ejemplo, si necesitas ayuda para salir de una situación difícil y le dices a la Inteligencia Divina: "Por favor, ayúdame, no sé cómo salir de aquí", posteriormente te relajas y sueltas la situación, porque confías en el Ser al cual le pediste ayuda, entonces tu vibración es de esperanza, de paz, de rendición y, por consiguiente, obtendrás el valor equivalente a estos sentimientos. Si por el contrario, pides ayuda desesperadamente diciendo: "Dios mío, mi vida es un desastre, creo que jamás podré ser feliz, no veo de qué manera existes, si no te siento cerca de mí", entonces obtendrás su equivalente, que vendrá cargado de duda, impotencia e infelicidad. Como podrás notar, esta última forma de orar difícilmente te pondrá en un estado de paz, porque de entrada estás negando la Presencia Divina a tu lado y la vibración que emanas será la misma que recibas. No hay reglas para comunicarte con la Inteligencia Divina, sólo necesitas entregarte por medio de tus palabras y dejar de pensar que es tu mente consciente quien puede controlar cada momento de tu vida. Si no te entregas, será más complejo para ti el salir de una situación difícil, y la misma vida te enseñará una vez tras otra a renunciar.

La oración debe ser un acto de gratitud, pero si esto no es posible, porque te encuentras abrumada por tu situación, entonces haz tu petición con sinceridad y con la intención de soltar, para que puedas recibir la respuesta. Pide ser guiada y ámate por tu petición. Las respuestas divinas pueden llegar a sorprenderte; muchas personas que han estado orando por obtener una casa propia pueden recibir la curación de una enfermedad, porque esto puede equilibrar mucho más su vida que una casa, y cuando se está preparada para recibir, jamás se siente frustración, sólo la alegría inmensa de observar los cambios que tienen lugar. Ésta es una razón más para no resistirse a la Voluntad Divina, que también significa fluir, dejarse guiar y vivir.

Tu tercer paso es sentir el clic, la emoción de que todo se te ha dado. El fin de las 4 palabras que curan es permitir que se haga la Voluntad Divina, que en cierto nivel es también la tuya. Así es como vives tu momento de poder, que es el presente, y elevas tu nivel vibratorio, tu energía. Para comprobar cómo te sientes en este momento, te pregunto: ¿qué tipo de energía tienes en este instante? ¿Estás triste por esperar un amor que no llega? ¿Acaso esperas un trabajo fuera de tu país y no sientes que esto pueda suceder? ¿De qué careces? ¿Sientes que las deudas te han acorralado? ¿Con qué sentimiento estás vibrando o estás siendo compatible? Tu respuesta a estas preguntas determina cómo serán tus días venideros, así como también las bendiciones que la vida ha de otorgarte.

Por favor, conéctate con la emoción que deseas de vuelta en tu mundo; si deseas paz, experimenta paz y sumérgete en el amor hasta que logres sentirla, hasta que tu interior te indique que todo está en orden dentro de ti. Conecta con el sentimiento que deseas atraer, siente la emoción en tu oración.

Algunas personas me han dicho: "Vivi, practico a diario la ley de atracción y, sin embargo, no veo resultados positivos. ¿Qué crees que esté haciendo mal? Yo siento que la pregunta contiene la respuesta. Puedes notar que esta persona dice practicar a diario la ley de atracción y no obtiene resultados positivos; también puedes notar que la segunda parte de esta afirmación excluye a la primera: si piensa que no obtiene resultados positivos, entonces no está practicando la ley de atracción. Está asustada y ésa es la energía que recibe la Inteligencia Divina, quien devuelve el equivalente; por lo tanto, tendrá que aprender un poco más sobre este tema, porque la preocupación o la duda bajo estas circunstancias no son necesarias.

Si has llegado al límite, si lo has intentado todo y nada parece funcionar, me pregunto qué te queda. Únicamente, la rendición; ésa es la respuesta. Una excelente manera es decirle a la Inteligencia Divina: "Haz tu voluntad y no la mía". La repetición de las 4 palabras que curan es tu llave dorada para abrir la puerta al conocimiento de quien realmente eres, es la mejor herramienta de estos tiempos, porque con ella logras salir del pozo de las ilusiones donde te había sumergido tu mente antes de permitirte entrar en esta realidad que desconocías, en esa paz que sólo tú puedes otorgarte.

Como la emoción es un factor básico en la ley de atracción, tienes a tu disposición una amplia gama de recursos para sentirla. Si te encuentras triste, cambia de actividad, levántate de esa cama y haz algo que te permita entrar en sintonía con lo que esperas de la vida. Puedes entonar una canción, puedes saltar, gritar, reírte, aunque no tengas ganas; puedes encender velas o cualquier cosa que creas que puede guiarte hacia la alegría o a la sensación de estar en armonía con la Inteligencia Divina.

Finalmente, te sugiero que te alejes de los resultados. ¿Qué tal si lo que necesitas es salud y no el carro que pediste? ¿Quién lo sabe? Una vez que has depositado tus conflictos, tus pesares, en manos de la Inteligencia Divina, sobra tu intervención, así que tendrás que quitarte del medio para que puedas recibir lo que mereces. Practica la siguiente ecuación:

repetición de palabras sanadoras + sentimiento = plenitud

Cuando aplicas esta ecuación a cualquier reto, debes hacerlo con total conciencia del poder que tienen el sentimiento y la palabra, ya que el solo hecho de llenar de amor, gratitud y perdón a tu Ser de manera constante, comprendiendo el significado de cada palabra y unificándolo con tu intención de sanar, tranquiliza tu Ser hasta un punto en el cual el tiempo carece de importancia. Es así como puedes convertirte en lo que anhelas pero que ya eres, en el dinero que ya posees, en la paz que es tuya por derecho divino.

Capítulo Dieciocho

 broschyr

Crisis curativa

Cuando escribí sobre "Crisis curativa" en mi blog, sentí que había logrado responder un montón de preguntas que mis lectoras se habían formulado siempre y para las cuales no habían encontrado respuestas en la red en cuanto a lo que respecta a la curación por medio de los pensamientos y las palabras. Así que por esa razón este tema es una de las partes más importantes de este libro, porque te permitirá comprender el lenguaje de tu cuerpo.

Aprendí sobre la crisis curativa gracias a un proceso de perdón que realicé hace algunos años y que consistía en perdonarme a mí misma por haber creado situaciones conflictivas con las personas con las cuales vivía en ese entonces; este proceso había sido extraído del libro *La única dieta*, de Sondra Ray, y consistía en escribir setenta veces cada día, durante una semana, la frase: "Me perdono completamente a mí misma". Lo que sucedió fue que al tercer día de estar escribiéndola a mano en un cuaderno especial para estas tareas, comencé a sentir un dolor en mi costado izquierdo que me impedía caminar erguida; no había nada que pudiera aliviarlo y al mismo tiempo dejé de evacuar durante tres días. Me encontraba desesperada, porque en ese momento yo no pensaba que el hecho de perdonarme fuera a conducirme a días tan difíciles, con un dolor constante. Al estudiar detenidamente mis afirmaciones y mis molestos síntomas, comprendí que había una relación entre ellos y que todo esto tenía que ser natural en alguien que desea sanar.

Una crisis curativa generalmente es la primera etapa en un proceso de desintoxicación del cuerpo físico, emocional y energético. Se trata de síntomas que a veces coinciden con los de la enfermedad que se desea eliminar y para la cual se está llevando a cabo la curación. Una crisis curativa se deriva casi siempre de la utilización de métodos o sistemas de alimentación celular, lo que quiere decir que cuando la célula está recibiendo los nutrientes para los cuales está preparada, desprende de su núcleo todo aquello que no corresponde con la salud, para en esta forma eliminarlo. Es una rústica manera de obligar al cuerpo a recibir nuevamente el síntoma como parte de la aceptación que, como ya sabes, es la clave para afrontar cualquier proceso difícil.

La realidad que vivimos nos impulsa a descubrir la vida y la salud dentro de nosotros, por ello hemos pasado de aquella etapa donde todo se consideraba externo a otra etapa en la que las soluciones parten desde nuestro interior hacia fuera. Es así como empezamos a considerar el amor como el alimento celular por excelencia y como el punto de partida en un camino que nos conduce a la curación integral. Siendo el amor un nutriente que impregna a cada átomo de nuestro Ser por medio de intenciones, pensamientos y palabras, es importante relacionarlo con la crisis curativa, ya que una de sus características es penetrar la célula para extraer de ella todo lo que no tiene que ver con él mismo. De manera que si te encuentras pronunciando las palabras sanadoras para borrar los pensamientos erróneos que te ha ocasionado por ejemplo, la colitis, entonces ese sentimiento de perdón, de gratitud y de aprobación llegará hasta ese órgano (el colon) cargado de pasado, para nutrirlo con la energía del momento presente, y una vez que este proceso da inicio, es posible que el colon empiece a manifestar dolor e hinchazón como una respuesta al tratamiento del cual es objeto. Ésta es la prueba de que el proceso de desintoxicación ha comenzado y puede durar algunos días.

Pueden darse crisis curativas al sanar una relación que se suponía rota, ocasionando por algún tiempo más tensiones y problemas, como señal de que la energía estancada ha comenzado a fluir. Asimismo, en los tratamientos de prosperidad, puede suceder que temporalmente se sienta más escasez de lo acostumbrado o que, como enseñó Louise L. Hay, puedas hasta perder tu billetera. Si estás trabajando con el perdón, los órganos de tu cuerpo que representan la eliminación de desechos pueden verse afectados por la crisis curativa, llegando a veces al extremo de hacerte pensar que estabas mejor antes, mientras odiabas a esas personas, que ahora en medio de un dolor que parece querer quedarse para siempre en tu cuerpo.

Hay algo muy importante a tener en cuenta en una crisis curativa y es el hecho de no abandonar el proceso por las sensaciones desagradables que puedan llegar a experimentarse. Esto suele pasar al cabo de unos días para dar inicio a una etapa de regeneración total, a un momento donde se suele aceptar y recibir la vida con los brazos abiertos. Así es como aprendemos que el síntoma es el punto en el cual se apoya la salud para manifestarse; por esto mismo la autocrítica es lo último que necesitas, y hago énfasis en esto, porque es común que ante una crisis curativa, muchas personas se pregunten: "¿Estaré trabajando bien conmigo misma? ¿Qué estaré haciendo mal? ¿Por qué siempre me equivoco? ¿Qué me impulsó a creerle a ese libro o a esa persona para sentirme así ahora? Creo que estaba mejor antes, etcétera". Si estas frases llegan a tu mente, compréndelas como parte de un miedo que necesita ser integrado y regálate más amor que siempre, porque es en este instante cuando más lo necesita tu espíritu.

Un componente importante de la crisis curativa se da durante el sueño. A veces las pesadillas son resultado del proceso de limpieza en tu conciencia; éstas suelen ser incómodas hasta el punto de producir mucho miedo de vivir un día de manera normal. Por eso creo que esta información es importante para que sientas tranquilidad conociendo una etapa más en la crisis curativa. No siempre se tienen pesadillas, pero cuando esto sucede, te despiertas en la madrugada con el corazón palpitando, porque te has salvado de una avalancha de lodo, del ataque de un tigre o de caer al vacío, porque tal vez ibas volando muy alto. Cuando esto sucede, es necesario que te tranquilices para que puedas continuar con el descanso, o de lo contrario, la misma sugestión o miedo permitirá que tu día se vuelva realmente desagradable.

El sueño es ese instante en el cual la energía que eres puede expresarse sin máscaras, para dirigirse hacia otros espacios paralelos a éste, donde te relacionas con otros seres vivos, sin las limitaciones del cuerpo físico ni del tiempo; sin el miedo de encontrarte con esa otra cara tuya que cuando estás despierta no quiere hacerse visible. Es durante el sueño que creas encuentros con otras personas que no recuerdas conscientemente, con el fin de sanar la relación que había o hay con ellas, y a la vez para crear o eliminar contratos emocionales. Debes recordar que el sueño es una creación tuya; entonces, una vez que has creado los sucesos en una pesadilla, no tienes que trasladarlos a este plano con tus miedos. Una pesadilla es un momento difícil que ocurrió mientras dormías, o sea que ya la has vivido, de manera que no hay razón para traerla al espacio que habitas, no hay razón alguna para vivirla de manera duplicada. Es posible borrar los recuerdos que te unen a esos dolorosos sucesos y también ese miedo de que pueda suceder algo desagradable en tu vida cotidiana; simplemente pronuncia las palabras *"Lo siento* (tu nombre), *te amo"*, y con esto te sentirás más tranquila, confiada en que sucederá lo que sea perfecto para ti.

Creo que las pesadillas son otra oportunidad para borrar memorias. Estos horribles sueños también son el producto de estados de ánimo negativos; por lo tanto, se trata de que mientras dormías, te has estado revolcando en los recuerdos de viejos registros. Si has estado deprimida, iracunda o violenta, tu Ser Interior puede corresponder a tu vibración por medio de una pesadilla; es por eso que comprender la finalidad de estos sueños desagradables se convierte en la solución ideal para aprender más de ti. Continúa borrando.

El amor es una herramienta multidimensional,
porque puede curar al Ser, sin que importe
en qué espacio o en qué tiempo está ubicado.

A muchos de mis lectores les sugerí que pronunciaran las 4 frases sanadoras antes de acostarse si sentían miedo de tener pesadillas, con el fin de que se entregaran a la experiencia que la Inteligencia Divina considerara pertinente en los momentos en los cuales estuvieran fuera de su cuerpo, para que sea Ella quien actúe y quien decida lo que soñarán.

Una noche en la cual no descansas, con pesadillas o incomodidad, refleja que estás desconectada de la Inteligencia Divina, y para reconectarte, puedes acostumbrarte a ponerte en sus manos antes de dormir; notarás la diferencia desde la primera vez.

Capítulo Diecinueve

❧

La curación

Los tiempos de nuestra mente han cambiado.
Lo que antes era herejía, hoy es alquimia. Lo que
ayer fue blasfemia, hoy es libertad de expresión.

Curar tu cuerpo es un proceso que sólo depende de ti, de tu apertura a lo desconocido, de tu aceptación de aquello que no puedes ver ni tocar, de tu capacidad para aprender de las experiencias vividas y de tu inteligencia al comparar los métodos de curación de la medicina tradicional con los conocimientos acerca de la curación por medio de la energía. Si fijas tu atención en las estadísticas, en el porcentaje de personas que han muerto por determinada enfermedad, en lo que se dice en revistas o en los diagnósticos cada vez más tenebrosos que se hacen, entonces el proceso de curación será toda una odisea para ti. Si por el contrario, fijas tu atención únicamente en tu objetivo de apoyarte cuando más lo necesitas en la forma que a través de capítulos anteriores has conocido, si te das a la tarea de conocer tu cuerpo sin las barreras que impone la vieja escuela, entonces vivirás de acuerdo con tu nuevo concepto de la vida y tendrás una existencia tranquila, pacífica, saludable.

Si has enfermado de algo denominado *incurable*, toma en cuenta que eso también es un pensamiento, es una memoria; por lo tanto, es susceptible de cambio. Hazte las siguientes preguntas:

¿Y si mi enfermedad sólo fuera una idea?
¿Y si sólo fuera un recuerdo?
¿Qué pasaría si la que está enferma es mi mente?
¿Y si mi cuerpo jamás hubiese enfermado realmente?

Si una voz quiere discutir contigo por estas preguntas, comprende que es natural; ni siquiera la juzgues; sólo regálate la oportunidad de vivir de manera diferente a como lo has hecho hasta ahora.

Tus anteriores pautas mentales no te han permitido tener mucha amplitud y te han mantenido protegida de acceder al mundo de la curación. No quiero decirte que salir de una enfermedad que se considera mortal es algo fácil para un ser humano; tampoco quiero decirte que sea algo difícil, porque eres tú quien necesita definirlo; es tu alma quien guarda las raíces de esa enfermedad que no quiere marcharse. ¿Has pensado que tal vez no sea necesario que se marche? El desear fervientemente que la enfermedad se vaya implica rechazo, odio, enojo, o sea separación; significa que te estás inclinando por uno de los dos lados de la balanza y estás separando la salud de la enfermedad, lo que no te llevará a ningún lugar. Separar ha sido el autoengaño más grande del ser humano, creemos que lo más apropiado para sanar el cuerpo es expulsar el mal y no hay tal mal, sólo hay una serie de síntomas que se han calificado como perjudiciales o dañinos, de modo que es fácil deducir que si han pasado miles de años intentando erradicar al supuesto mal sin éxito, lo mejor sería permitir que se quedara, unirse a él. Ésta es la mejor manera de dar amor; si inyectas con amor a tu enfermedad, ya no necesitarás que se marche, he ahí la curación.

El amor real inicia cuando te das cuenta de esta pequeña contradicción: "Un proceso de curación se pone en marcha cuando no hay nada qué curar y sólo hay algo para amar". Es aquí donde se pierde el miedo a morir y cuando te levantas por encima del dolor, para reconocer lo que te ha regalado y valorarlo por lo que es.

Es posible que pienses que lo has intentado todo para sanar, que siempre dices las palabras apropiadas para curarte, que tienes prácticas espirituales constantes y que estás trabajando en el perdón; sin embargo, no ves respuestas y la salud huye rápidamente de ti. Si éste es tu caso, tal vez necesites saber que la respuesta que esperas ya existe, porque salud y enfermedad conviven permanentemente, son indivisibles; de modo que ahí en el núcleo de ese síntoma se encuentra tu propio bienestar y la llave para acceder a él se encuentra en el hecho de aceptar que todo tuvo un motivo, una razón, y que si lo viviste, fue para algo importante; entonces, encuéntralo, ábrele paso a la luz para que puedas ser iluminada respecto a tu misión y, por supuesto, borra memorias hasta que sientas que te conviertes en la gratitud, en el perdón, en el amor mismo. Recomiendo el libro llamado *La enfermedad como camino*, de Thorwald Dethlefsen y Rüdiger Dahlke, dos fabulosos escritores alemanes que hablan a fondo sobre la polaridad, la enfermedad y la aceptación.

Utiliza el diálogo con los órganos o partes enfermas de tu cuerpo, dirígete a ellos con amor, compasión, y pídeles perdón. Después siente que te has perdonado y hasta que esa sensación sea una llama ardiente en tu corazón, trabaja contigo y mantente comunicada con tu interior. *Lo siento, perdóname, te amo, gracias.*

Por favor, aprende, estudia, infórmate, lee; lo único que puede corregir el error de tus sentidos es el conocimiento. Si tu mayor temor es morir, porque no quieres dejar a tus hijos o a tu pareja solos, entonces regálate tiempo para estudiar sobre inmortalidad o sobre muerte; lee a los grandes maestros e investiga qué tan cierto es que eres tú quien decide cuándo morir. Y también puedes investigar sobre lo que ocurre cuando eliges marcharte definitivamente de este planeta; tienes tantas opciones para empezar a aprender más sobre ti, que podrías tener todo tu tiempo ocupado haciendo cosas hermosas por ti. Sólo así podrás darte cuenta de que cuando derrotas la idea de la muerte como una decisión divina sobre la cual no tienes voz ni voto, entonces no tendrás necesidad de desaparecer tu enfermedad, y a eso se le llama *liberación*. Cuando elimines tu deseo de que esa enfermedad se marche, cuando unifiques los conceptos de libre albedrío, inmortalidad, amor y muerte, entonces sabrás que la enfermedad no tiene que irse y que sólo tienes que aprender a conocerte para facilitar tus procesos y para que los síntomas dejen de presentarse en tu realidad. También podrás darte cuenta de que morir es vivir y que no es un castigo, es tu oportunidad para realizar otras tareas, es tu propia elección. No tienes que fallecer por un diagnóstico, ya que nadie que no fuera tú dictó la fecha para partir. Paso a paso te irás dando cuenta de la ineficacia de los diagnósticos y, de hecho, cada vez se hacen menos necesarios, con el desarrollo de la conciencia y de las terapias energéticas que están llegando. A medida que vayas descubriéndote como un Ser hecho de luz, sabrás que la luz siempre es y que no puede enfermarse.

El conocimiento te hace libre. Te permite elegir,
te libera de las cadenas del tiempo, de las creencias
limitantes, de tus sentidos; te libera incluso de ti misma.

Los seres humanos afrontamos distintos niveles de dificultad en nuestros procesos de curación; lo que para algunos significa una bendición, para otros puede ser el símbolo de un castigo. Por ejemplo, para muchas madres tener un hijo discapacitado es una bendición, mientras que para otras es un castigo. Naturalmente, la carga es más liviana para la mujer que piensa que su hijo es una bendición del cielo y que ella fue elegida por ser la mujer ideal para esa misión; quizá no sea fácil, pero la vida está llena de retos, y te aseguro que esta mujer habrá descubierto su propia manera de pasársela bien en esta vida. La otra mujer, que se considera castigada, puede incluso haber enfermado, lo que le impedirá llevar una vida digna a ella y a su hijo. Ambas tienen una tarea similar; una de ellas es feliz y está receptiva a herramientas de curación, como la que enseña este libro; la otra, no, así que es posible que las respuestas tarden en llegarle. Entonces, no es la enfermedad la que acaba con la existencia, es la idea que se tiene de ella.

Si te ha tocado vivir experiencias como ésta o más difíciles aún, ábrete a la posibilidad de aceptar las decisiones que ha tomado el alma; todos tenemos la oportunidad de elegir antes de venir aquí y, aunque parezca absurdo, elegir una enfermedad para vivir toda una vida. Esto tiene su razón de ser y parte de la curación consiste en aceptar la misión elegida, sin cuestionar la mente maravillosa que pudo hacerlo. Lo que tu corazón busca es armonía, y puedes sentirla si estás dispuesta.

Si estás pasando por una experiencia que consiste en cuidar de un ser querido enfermo, te pido, por favor, que cuando estés en su presencia, le mires a los ojos y le admires por su valor; hay tanto que aprender de un paciente y mucho más si es niño; ellos parecen comprender la vida mejor que los adultos y hasta creo que en determinados momentos podrían educarnos. Cada vez que ese paciente venga a tu mente, pronuncia: *"Lo siento. Te amo"*, y no te detengas. Hazlo permanentemente. Ya sabes que esta frase es para la parte tuya que vive en esa otra persona, así que tu propio amor le permitirá elegir entre la salud y la enfermedad; tu amor le permitirá llevar a cabo la misión para la cual vino aquí. Por favor, no te canses de amar su enfermedad, de amar su dolor; no te canses de bendecir sus lágrimas y las tuyas. Cada síntoma expresa lo que tal vez la voz no pudo decir, así que permite que esta expresión tenga lugar; si amas la enfermedad, no necesitarás sanarla. Estás caminando sobre la tierra de los milagros y ya eres protagonista de uno de ellos. La razón de ser del "milagro" es la corrección del error de tu percepción, enseñándote que lo que sientes que te duele es falso, es un error de tus sentidos. El milagro quita la venda de tus ojos y te deja ver lo real, así que mientras pronuncies o sientas el efecto poderoso de las palabras que curan, estarás convirtiéndote en una "hacedora de milagros".

Todo aquello que ves en las demás personas y que te duele es un reflejo de lo que sucede en tu propio sistema; de modo que para sanarlo no hay que huir ni tampoco lamentarse. Hay que borrar los recuerdos de forma tal que se vuelva un ejercicio espiritual, para que cada vez que encuentres a cualquier ser humano, de inmediato borres cualquier memoria que pueda unirlos.

Aprovecha las multitudes para sanar la conciencia colectiva, pronuncia *"lo siento, te amo"* cuando estés en algún grupo o reunión; las personas que estén preparadas para sanar, se verán beneficiadas con esto.

Las palabras que curan funcionan para todo; ellas conforman los más hermosos sonidos del universo y por eso son tu mejor opción para deshacer el error. He escrito una lista de enfermedades que has considerado incurables, para que sepas hasta qué punto la posibilidad de obrar milagros puede sanar tu percepción:

1. cáncer
2. leucemia
3. lupus
4. esclerosis múltiple
5. mal de Parkinson
6. Alzheimer
7. problemas cardiacos
8. enfermedades desconocidas
9. sida
10. enfermedades congénitas o que tú consideras hereditarias
11. esquizofrenia
12. problemas en el embarazo
13. ataques de pánico
14. problemas nerviosos
15. problemas de los órganos femeninos

16. cirugías
17. problemas con la próstata
18. problemas sexuales
19. glaucoma
20. problemas óseos
21. hepatitis
22. diabetes
23. divertículos
24. hipertensión
25. problemas visuales
26. obesidad
27. asma
28. bultos, llagas, tumores
29. hongos
30. problemas mentales, locura
31. autismo
32. síndrome de Down
33. depresión
34. miedo
35. odio
36. abuso
37. ira
38. problemas con las glándulas
39. fobias
40. esterilidad
41. infecciones en la piel
42. infecciones en cualquier parte del cuerpo
43. pesadillas
44. karma
45. cualquier situación difícil de asumir para la mente humana

Las 4 palabras curan a todo nivel todos los asuntos de carencias: los problemas familiares, el resentimiento social, la falta de prosperidad, la discriminación, violencia, las relaciones conflictivas. Todo, absolutamente todo, es susceptible de mejorar si asumes el cien por ciento de responsabilidad. Esta hermosa práctica modifica tu manera de ver la vida, porque te permite aceptar que tus problemas no son la razón de tu tristeza y que sí lo es tu manera de percibirlos. Ese mundo que ves ahí, fuera de ti, en realidad es un paquete que has elegido observar para poder aprender, y en la medida en que lo hagas, todo lo que tus ojos ven será diferente. Éste es el mejor método para sanar las heridas del alma y para crear espacios seguros en los cuales descansar. Todo ello se realiza por medio de la pronunciación y el sentimiento de sus 4 palabras clave: *lo siento, perdóname, te amo, gracias.* Utilízalas frente a todo aquello que te cause dolor, incomodidad, tristeza. No hay más reglas que expresarlas con todo tu corazón, una y otra vez. Con eso será suficiente; la clave es borrar, borrar y borrar con amor, porque sólo así deja de reproducirse el dolor.

Pierdes el miedo a una enfermedad cuando la has encontrado, la has descubierto, la has conocido; pierdes el miedo de morir de esa enfermedad cuando escuchas su lenguaje y te das cuenta de que vino a ti para mostrarte en qué puntos es oportuno trabajar. Por eso cada día te envía mensajes de acuerdo con lo que necesitas saber, y si has aprendido a escucharla, comienza a surgir la parte más bella, porque le das las gracias por estar en tu vida, bendices lo que sientes y experimentas una libertad infinita para vivir.

Comprender esto parece fácil, espero que lo sea para ti. Hay un momento en tu vida donde la luz penetra tu conciencia y despiertas a lo sencillo, a lo que en apariencia es pequeño, que ya estaba en tu vida y que no veías; éstos son segundos de iluminación que llegan cuando estás lista. El amor puede guiarte hacia muchas alternativas que ni siquiera imaginabas que estuvieran ahí; es así como repentinamente sientes el deseo de aprender un oficio sin que importe tu edad, es posible que te decidas a escribir lo que siempre soñaste o a dibujar pensamientos con crayolas;

puede ser que encuentres técnicas que contribuyan en tu proceso de borrar memorias, es posible que un día decidas aprender a jugar un deporte, salir al cine con tus amigas, limpiar tu casa para tirar todo lo viejo y en desuso que había en ella; es probable que quieras crear un jardín; tal vez un día sientas deseos de salir a trotar, de pasear a tus perros, de montar bicicleta, de nadar, de poner un salón de belleza o de hacer algo atrevido. ¿Por qué no? Permite que esto suceda, no te limites, no hay riesgos, estás segura pase lo que pase.

Si a tu vida llega algo que consideras que podría ayudarte, inténtalo, aprécialo, estúdialo, aprovéchalo; no sabes cuántas cosas bellas podrías descubrir en ti. En el amor nada está contraindicado, es totalmente compatible con cualquier herramienta o método de curación; con pastillas, con tratamientos agresivos, con lo que tú quieras. Recuerda que está creado, compuesto y desarrollado para aclarar tus dudas; está diseñado para iluminarte, y si parte de esa luz consiste en aprender mucho más, pues lo haces con confianza, el amor te da esa libertad y sólo facilitará tu desempeño en cualquier método o arte que desees conocer.

Las palabras pronunciadas crean una energía poderosa que penetra cada espacio del cuerpo humano, de manera que cuando tu fusión con ellas es perfecta, puedes percibir algunas reacciones de tu cuerpo, por ejemplo, eructos, bostezos y suspiros. Si en este instante te pidiera sintonizar totalmente con la palabra *gracias* y que la pronunciaras con total convicción de que tu vida es bendita, estoy segura de que por lo menos suspirarías. El suspiro, el bostezo o el eructo son la respuesta del cuerpo para informar que la energía del amor ha entrado en el sistema y que los residuos de energía negativa atascada han salido. También puede ser posible que no percibas nada; sin embargo, tu estado de ánimo te irá guiando. Prueba intencionalmente decir cada palabra y te darás cuenta con cuál de ellas eliminas más energía atascada. Juega con esto, hazlo divertido e incluye estas palabras en tu rutina diaria: "Sanar es divertido". Ríete durante más veces al día. Recuerda que

161

tu cuerpo es inteligente y por lo mismo responde a tu estado de ánimo, a tu risa, a tu alegría. Cuando ríes, tu mente deja de trabajar y se interrumpe el trabajo de las memorias; es por esto que reír es terapéutico, reír es sanador.

Respirar es la actividad más completa que realiza tu cuerpo, así es como entras en contacto con todo lo que existe, así es como se lleva a cabo ese intercambio energético entre los demás seres vivos y tú. A nivel emocional, la inhalación tiene que ver con la capacidad de aceptar o de recibir algo que llega a tus sentidos, pueden ser situaciones, personas o cosas. La exhalación tiene que ver con la capacidad de dar, de entregar, de regalar. Inhalar será una actividad placentera si aceptas lo que llega a ti sin calificarlo. Exhalar será una actividad placentera si estás en condiciones de dar, en condiciones de servir.

Es por esto que inhalar las palabras sanadoras tiene tanto sentido para los estudiantes, practicantes y maestros del arte del amor. Si en este momento inhalas y mientras lo haces te dices *"Me amo"*, te sentirás totalmente fundida con el sentimiento y recibirás la señal inequívoca de que el amor ha entrado de exquisita manera en tu cuerpo. Igualmente sucede cuando exhalas todo lo bello que hay en ti, es como si compartieras con los demás seres vivos el amor que está creciendo dentro de ti. Ésta es una hermosa práctica que puedes llevar a cabo en cualquier lugar y en cualquier instante de tu día, además de que funciona para todo lo que desees incluir o eliminar de tu sistema; no tiene contraindicaciones y con ella puedes bendecir tu tratamiento de quimioterapia, tu médico, tus pastillas, esas dolorosas inyecciones, esos masajes que parecen torturarte, ese tiempo que parece detenerse. Bendice tus lágrimas, tu proceso, tu dolor, porque la vida te devolverá bendiciones.

Capítulo Veinte

ॐ

La misión del terapeuta o sanador

De alguna manera, mi vida siempre ha estado relacionada con el hecho de ayudar a las demás personas, colaborar en lo que fuera necesario y sobre todo escuchar a quien tuviera algo que contarme. Esto lo aprendí desde niña, porque mi papá siempre me escuchó. Recuerdo que él pasaba algunas horas en la casa, trabajando en el estudio y de repente llegaba yo corriendo a ponerle algunas quejas de mis hermanos o a contarle cosas que tal vez podían ser simples. Entonces él se quitaba sus gafas, giraba en su silla y me decía: "A ver, cuéntame, hija, ¿qué pasa?", y yo empezaba a bombardearlo con mis cosas: que si mi hermana, que si mis hermanos, que si me prestaba sus estilógrafos (plumas fuente), en fin. El acababa levantándose de su silla para ir conmigo a ver qué era lo que sucedía o para darme lo que le estaba pidiendo. Creo que así aprendí a escuchar, con ese maestro inolvidable que elegí como papá y que me guió desde que era muy pequeña hasta este instante. Mi mamá también me escuchaba; lo que sucede es que mi afinidad era con mi papá, porque siempre creí que me daría la razón (era una niña algo tramposa).

Cuando vivían juntos, mis padres eran personas muy sociables y generalmente estaban receptivos a lo que sus amistades tenían que contarles; curiosamente siempre tenían una hermosa palabra a la mano que darles para levantar su moral. Ahora que mi papá ya no está en este planeta (porque según creo tenía que ir a ampliar su red social en otros espacios), mi mamá es quien continúa compartiendo hermosas enseñanzas y libros con sus amigas, de manera que sigo aprendiendo de ella. Por cierto, me encantaría verme como mi madre, quien, a sus sesenta y cuatro años, luce joven, hermosa, esbelta y saludable. Creo que lo ha logrado a base de caminar ligera; ella todo lo disculpa, lo perdona, lo ama y lo libera; es uno de los seres humanos más bellos que he conocido. No puedo ocultar que ser su hija me hace feliz y no me ciega el amor, en realidad así la ven todas las personas que la conocen.

Entonces, como te comentaba líneas arriba, crecí observando estas escenas y por eso aprendí a madurar de la mano de dos fabulosos terapeutas de corazón que son mis padres, quienes dejaron ante mis ojos un sendero que recorrer para entregar lo que sé a las demás personas.

Con esa profesión innata empecé a escribir para mi blog desde la cafetería de Sofía, un lugar en el corazón de Ciudad Victoria, Tamaulipas, México, donde se funde el sonido de las risas y las vivencias de algunos clientes o visitantes del hospital cercano, con el aroma de los alimentos que de la cocina provienen. Yo había estudiado computación en mi país natal, pero llegó un momento en que eso dejó de ser importante para mí; sencillamente, no me interesaba. Así que en la cafetería comencé a trabajar como terapeuta sin saberlo. Ahí descubrí mi verdadera vocación, mi dharma, mi pasión. Compartí ratos inolvidables con muchas amigas y con clientes ocasionales. Sabía que no necesitaba un certificado, sólo precisaba corazón, conocimiento, conciencia, fusión, sensibilidad, y tal vez por eso la maestría de la vida se desplegaba ante mis ojos sin reservas y se me revelaba en cada persona que visitaba el lugar. Yo sabía que tenía (y tengo) muchas ventajas y posibilidades infinitas para desarrollar mucho más mi potencial como ser humano. Esa cafetería donde atendí a miles de clientes también fue mi escuela. Fue así como en alguna ocasión una mujer que recuerdo mucho me dijo:

—Vivi, no te quedes con todo lo que sabes, compártelo; mucha gente que está esperando por ti necesita escuchar y leer tu mensaje.

En ese momento entendí muy bien lo que ella me quería decir y unos días después las palabras mágicas llegaban a mi vida. Comencé a escribir para mi blog en Internet y la práctica constante de estas 4 palabras me llevó a escribir una hermosa meditación para Sofía en el bullicio de la cafetería; entre el aroma de las gorditas, flautas y tacos; entre el calor del verano y el olor del café caliente que tomaba temprano en la mañana, esperando refrescarme. Creo que no existe un lugar más inspirador que esa cafetería, con todo lo que en ese entonces me mostraba. Algún tiempo después de esto publiqué el audio en la red, con el fin de ayudar a las personas con diversos conflictos, porque yo me sentía de maravilla escuchándolo y cada persona que lo escuchaba adoptaba la meditación como su tabla de salvación, como su medicina sanadora, como una respuesta divina.

Mientras todo esto tomaba lugar, otras técnicas curativas llegaban a mi vida y yo iba ganando experiencia con amigas o con clientes ocasionales, al combinar todos mis conocimientos en una mezcla única y renovadora, que es una parte de lo que estás leyendo. Las visitas en mi blog aumentaban, mis artículos gustaban más y llegaban a lectoras de diversas edades y de muchos lugares del mundo; amigas voluntarias comenzaban a traducir los artículos que a ellas les inspiraban. Entonces escribir se había convertido para mí en una necesidad.

Un buen día, una persona desconocida quiso que yo la atendiera de manera privada y, después de nuestra sesión, se sintió tan liberada y en paz, que quiso continuar su diálogo conmigo hasta que finalmente salió adelante con sus pensamientos. Así atraje a mis primeros clientes, sanando mutuamente sin condiciones, sin reglas, sin castigos. Ellos venían a mí y creábamos una atmósfera tan confortable en mi pequeña oficina, que el tiempo por sesión se me hacía muy corto y generalmente me extendía más allá de lo pactado. Yo era, y soy, feliz con mi trabajo; creo que nací para esto que hago.

El tiempo pasó y me convertí en quien soy actualmente: una mujer consciente de sus debilidades y fortalezas, de sus aciertos y de sus fallas, de su amor y de sus miedos. Una mujer que ya no intenta cambiar nada en ella y que está dispuesta a aprender de ti para continuar sanando. Aprendí a dialogar con mis clientes, aprendí a escucharme en ellos y poco a poco capté el mensaje multidimensional y futurista contenido en la intención y el deseo de sanar por medio de las 4 palabras, se trata de esa voz que te hace entender poco a poco que el cliente o el paciente llega a tu vida para que tú como terapeuta te cures, más que para sanar él mismo.

Al escuchar esto por primera vez puedes salir corriendo y dejar este "extraño" mundo para intentar "cosas más normales" o puedes sumergirte y bucear en él para descubrir el poder sanador que encierran sus postulados. Y cuando lo descubres y lo comprendes, es cuando puedes encontrar en ti a un verdadero sanador, que en mi concepto es aquella persona que borra en ella misma el pensamiento erróneo que ocasiona los síntomas de su paciente, con lo cual logra restablecer el equilibrio perdido y permite una conexión con todas las personas que se encuentran relacionadas con su paciente. Al proceder en esta forma, se experimenta una libertad y un poder sin precedentes, es cuando se llega a la verdadera razón de ser de la curación.

El sanador es consciente de ser un canal entre la Inteligencia Divina y el paciente, reconoce que un pensamiento erróneo suyo ha generado el desequilibrio en la mente y cuerpo del paciente, entonces se perdona por ello, se ama y se siente en gracia por los dones que recibe a través de una enfermedad y de su corrección. Este conocimiento le proporciona al terapeuta una expansión de conciencia que difícilmente puede encontrar en otra técnica de autocuración; el hecho de que pueda hacerse cien por ciento responsable de la salud de su paciente permite que toda curación tenga lugar. ¿Qué terapeuta consciente de su misión no desearía sanar a través de quien le está solicitando ayuda? Creo que ninguno o ninguna. Todas deseamos hacer nuestra labor lo mejor que se pueda.

Considero que tu mundo cambia radicalmente cuando estás dispuesta a ver a través de los ojos de quien te está observando, cuando te sientes tan conectada y unificada a todo lo que existe, que es fácil para ti convertirte en el bebé que una vez perdiste, transformarte en tu padre o en tu madre, cuando puedes observar la vida desde el lente opuesto, desde la otra parte, e incluso desde ese yo antagónico con el cual has tenido una guerra toda tu vida. Tu máxima liberación llega cuando estás dispuesta a soltar el dolor que tanto te ha protegido para enfrentar la verdad, aunque signifique que tú la creaste y que estuviste ahí en la escena, despierta como la víctima y dormida como tu victimario.

Cuando eres terapeuta, sanador o médico (en cualquier área o especialidad) y puedes reconocerte en el enfermo, en la misma enfermedad, en la memoria, en la paz, en la esperanza y en la misma Inteligencia Divina, estás reconociendo sutilmente todos los aspectos de tu propia identidad, estás aceptando que dependiendo de tu vibración puedes ser el error, la perfección o la totalidad, mientras vas sanando tú misma y todas las personas que te rodeamos en determinados niveles. Cuando menciono que tu paciente llega a ti para que sanes, no quiero decir que tu cuerpo físico manifieste la misma enfermedad que tu paciente; por ejemplo, si alguien llega a tu consulta porque tiene problemas con su colon, esto no significa que tú tengas que experimentar el mismo síntoma en tu cuerpo, no tienes que sentir a nivel físico algo que ya posee tu sistema y que es percibido por una de sus partes. Recuerda que sólo hay un alma y una conciencia universal que lo contiene todo y para este caso, tú lectora (seas terapeuta o no) eres esa alma universal. Fuera de ti no encuentras nada, mientras que dentro de ti la vida canta su mejor canción; ahí en tu conciencia unificada conviven el caos y la armonía, la luz y la oscuridad, la incertidumbre y la certeza; todos estos componentes conforman la vida. Así que cuando alguien con un problema en su cuerpo llega a ti, significa que existe en tu sistema una célula que presenta anomalías por un pensamiento erróneo de tu conciencia, así que lo que harás (seas terapeuta o no) es borrar el recuerdo que te une con esa célula, persona, situación u objeto, por medio de las palabras sagradas que ya dominas.

Cuando a tus sentidos llega la noticia de que alguien ha enfermado, tu misión de vida, tu trabajo de curación hacia ti misma ha de ser por medio de la eliminación de esa memoria o registro que te une con esa persona; incluso aunque ella ya no esté en este mundo, tu trabajo de luz es ponerte en paz. Uno de los recursos más eficientes al alcance de tu presencia sanadora es desaparecer tu necesidad de que ese paciente esté padeciendo determinados síntomas. Una vez que eso sucede, automáticamente obtienes iluminación al respecto y es cuando te sientes bendita por lo que has recibido. En la dimensión en la que vives, todo llega a ti por una necesidad de tu Ser, por esa razón creas las diferentes situaciones en las que te ves involucrada, con el fin de sanarlas desde su núcleo. Creaste todo un universo de conflictos a nivel mundial, creaste la enfermedad, la muerte, el hambre, la miseria, y elegiste tu profesión como terapeuta para sanar tu conciencia desde dentro, recolectando información, padecimientos, síntomas y dolores de las personas a tu alrededor, para borrar la memoria en común. El dolor desaparece de la mente de tus pacientes cuando dejas de necesitar que ellos estén enfermos.

El hecho de ser responsable de todo lo que sientes te permite asimilar que un pensamiento de tu conciencia ha creado a tu(s) paciente(s) por medio de un contrato emocional en el cual aceptas ser terapeuta y esa otra persona acepta enfermar. Esto no quiere decir que existió en ti alguna mala intención al respecto, significa que tienes una misión que en este espacio significa ser el puente entre la Inteligencia Divina y esa otra persona que necesita de ti. En tu realidad tienes la misión de ayudar siempre que puedas, y entre más pacientes puedas despertar, más conciencia de salud crearás a tu alrededor; esto equivale a mayor bienestar para el sistema que eres tú.

Los seres humanos que hemos despertado a todos estos conceptos llevamos un terapeuta en el corazón, así que no importa si te dedicas a otra actividad, sé consciente de que puedes ayudar siempre y cuando te ames a ti misma. Poco importa si eres lavandera y acabas de regresar del río con toda la ropa que organizaste para entregarla a sus dueños, no importa a qué te dediques, si puedes sentir compasión por alguien enfermo que tropieza contigo y utilizas las herramientas necesarias para corregir sus dolencias, entonces nada más importa. Pronuncia las 4 palabras que curan. Nada más importa si te amas tú.

Al borrar memorias por tu paciente tienes el deseo firme de que sea sanado, aunque no sabes en realidad de qué manera irradiará su luz la Inteligencia Divina; en realidad no sabes en qué forma será curado. Ignoras a qué nivel están relacionadas las memorias o de qué manera está tejida la historia humana. Es probable que tu paciente muestre los síntomas de una úlcera y que su curación inicie con el pago de una deuda que llevaba años haciéndole sufrir; no es posible que desde el plano mental conozcas la causa inicial de una enfermedad o de un síntoma; la causalidad también es muy relativa y aquí en esta dimensión experimentamos sus efectos. Tu misión como terapeuta es decirle a la Inteligencia Divina:

*Inteligencia Divina, por favor, elimina de
mi sistema cualquier cosa que esté ocasionando
este síntoma en _____.
Gracias, porque está hecho.*

Después de esto el sistema recibe la luz divina; entonces la curación se ha realizado y tu paciente manifestará diversos cambios, todos ellos positivos, como parte del proceso curativo, y tú continuarás borrando memorias sin detenerte, porque sólo así podrás desactivarlas.

Es posible que alguna persona con la cual estés borrando memorias elija marcharse de este mundo o elija morir para nutrir su conciencia de amor en otro planeta o en ese lugar adonde nos recargamos con más luz; en todo caso, puedes tener la certeza de que toda esa energía que tú creaste al amar el dolor y la vida de una persona enferma fue utilizada para facilitar su viaje y así evitarle más sufrimiento; esa energía que tú irradias jamás es desperdiciada o malgastada, siempre se aprovecha al máximo y el espíritu obtiene sus beneficios de manera permanente. La muerte no es un castigo ni una mala decisión, es una transición hacia cambios maravillosos, es otra manera de nacer; no te sientas culpable si algo así llega a sucederte; todo podría ser parte de un contrato emocional.

Para corregir el error, no requieres estar frente a frente con tu paciente, puedes utilizar tu intención, así como la energía vital que viaja a través de los cordones invisibles que te enlazan con todo lo que existe para transportar luz divina, curación y paz a través de tus propias palabras.

Seis pasos para ser mi propio terapeuta

1. El concepto de alma que escribí al inicio de este libro te permite asimilar que cuando eres testigo de una situación difícil, cuando alguien te cuenta sus problemas o escuchas en el radio o el televisor que todo el mundo se encuentra en caos, significa que compartes una misma energía con las personas involucradas en cada uno de esos eventos, o sea que tienes una memoria en común con todos ellos, misma que es preciso borrar con las palabras sanadoras, para liberar a todos los involucrados. Esto puedes lograrlo sólo con la frase *"te amo"*,

si no deseas pronunciar las demás; cada una de ellas tiene el poder de convertir cualquier problema en una bendición.

2. El pensar que tienes una infinidad de recuerdos por borrar es una trampa de tu mente o de tu ego, que es esa parte de tu conciencia que te infunde miedo cada vez que quieres dar un paso adelante en tu curación. Detenerte a pensar que nunca vas a terminar de borrar memorias o que tendrás que estar pronunciando las palabras sanadoras de por vida no es más que un intento por quedarte estancada en el mismo lugar de donde aparentemente deseas salir. El amor está lejos de ser un compromiso o una obligación, ya que su práctica se convierte en una experiencia placentera para el cuerpo físico, en un baño de luz para el espíritu y en una bendición para tu mente; así que no se trata de cuántas memorias hay por borrar, se trata de preguntarte a menudo en qué estás pensando, en qué época estás viviendo y a dónde te estás trasladando para proceder a corregirlo regresando al momento presente. Evita concentrarte en el hecho de ser una "máquina eliminadora de memorias", enfócate en vivir plena y conscientemente cada instante de tu vida, mantente en el presente aceptando lo fresco, lo nuevo, lo que mereces. Éste es tu punto de equilibrio.

3. Un gran obstáculo en la práctica del amor consiste en pronunciar las 4 palabras que curan como un requisito para obtener la felicidad o como el método perfecto para el logro de objetivos, como si se esperara llevarlo a cabo con el fin de sentirse mejor a futuro, como si no se comprendiera el significado exacto de cada una de sus palabras. Cuando la idea de obtener mejoría con el paso del tiempo se adueña de la mente, estás cediendo espacio para su juego. Cuando pronuncias las palabras sanadoras sin sentirlas y sólo las repites mecánicamente porque alguien sanó por medio de ellas, te expones a abandonarlas en corto tiempo. El amor no nació para que se le hagan pruebas,

nació para practicarse honestamente. Al comprender la razón de ser de las palabras sanadoras, se experimenta paz, regocijo, libertad y sobre todo se anula la necesidad de obtener algo, porque hay unidad, totalidad y fusión con la Inteligencia Divina. Cuando simplemente te das amor por existir, trasciendes el tiempo y vives experiencias maravillosas, iluminación, inspiración, creación. Es cuando despiertas al artista que hay en ti, porque el amor como arte sólo puede ser practicado por alguien como tú.

4. No eres mala por tener memorias que borrar; tampoco lo eres por atraerlas a tu vida; no eres mala por ser humana y por encontrarte a tu paso con situaciones difíciles que te asustan. Hago énfasis en esto, porque algunas personas pueden pensar que es necesario evitar las situaciones en las que tuvieran que borrar recuerdos. Por ejemplo, pueden dejar de ir a visitar un enfermo a un hospital, pueden hasta huir de las amistades que antes llegaban a contarles sus problemas, pueden encontrarse con que prefieren la soledad a borrar memorias. Esto es incorrecto, porque proviene del miedo y no del amor; además, sería un obstáculo en el único proceso que redime a la mente consciente. Recibe las memorias en tu Ser, no huyas de ellas, porque no son un castigo ni tampoco son el resultado de tu maldad, puesto que no eres mala; eres alguien que experimenta la vida y también quien la observa; así que cuando llega a tus sentidos un recuerdo a borrar, también llega la recompensa escondida en él, aparece la experiencia y la alegría de sanar. Las memorias son tu mejor oportunidad para experimentar curación; ámalas, agradéceles, acéptalas.

5. Uno de los principales obstáculos a superar por el terapeuta es si debe cobrar o no por sus sesiones, si debe recibir dinero como intercambio por su trabajo. Muchos parecen detenerse en este punto, que es importante aclarar. Sea cual sea tu tra-

bajo, estás obligada a recibir un intercambio que te haga feliz. En cada una de tus terapias o sesiones con tus clientes estás invirtiendo un instante de tu tiempo, estás contribuyendo con la salud de alguien; si consideras que la curación de esa persona es tu pago y esto te da la satisfacción que necesitas, adelante, hazlo. Vendrán para ti otras maneras de ganarte la vida, de alimentarte, de costear tus necesidades. Lo único que te pido es que esto sea algo de corazón, que intercambies tu tiempo por curación sin que te quede esa idea de inconformidad acerca de que no pudiste cobrar, porque no serías alguien espiritual. Si lo que te detuvo a cobrarle a tu cliente fue la creencia de que eres un ser mundano y despreciable porque recibes dinero a cambio de tu tiempo curando a alguien, entonces necesitas reconsiderar esto, porque sin querer, le estás enviando este concepto de no merecimiento a tu cliente, quien posteriormente podría llegar a ser un excelente sanador como lo eres tú. Puedes comenzar a sanar tu creencia de que el "dinero es malo", o de que "las personas buenas no cobran", o que "las personas espirituales son pobres"; el dinero es una energía neutral que llega a quien cree merecerla y, por lo tanto, es una bendición. ¿A cuántas personas crees que puedes ayudar sin tener un centavo en el bolsillo por ser "buena"? ¿Cuántos hospitales, centros de ayuda, escuelas o fundaciones puedes crear si difícilmente pagas el alquiler de tu casa? Mi opinión es ésta: entre menos dinero tengas en tu bolsillo, más lejos estás de la Inteligencia Divina, más lejos estás de brindar una ayuda colectiva, más lejos estás de ser feliz. Como terapeuta o sanadora, necesitas experimentar fusión, totalidad, abundancia, felicidad, y si respetas tu trabajo, debe haber intercambio económico. La cantidad a cobrar la vas determinando en la medida en que desarrollas tu autoestima y aceptas el dinero como lo haces con la Inteligencia Divina; cuando no hay intercambio económico, tu paciente sana de manera más lenta y el proceso se hace complejo para ti. Reconocer la prosperidad en el bolsillo de las demás personas es reconocerla en el tuyo; esto es lo que cambia al mundo, estas ideas son las que crean prosperidad y riqueza en la Tierra. Todas las personas tienen dinero para sanar. En su momento habrá excepciones, pero ellas estarán determinadas por tu conexión con la Inteligencia Divina y no por la lástima o por considerar que el mundo es tan pobre que no puede sanar con el único intercambio que tiene un verdadero valor para que la curación pueda llegar correctamente.

6. La finalidad del arte de amar es mantener nivelado tu Ser de tal manera que permanezcas en equilibrio, sin emociones, in- alterable, inmutable, despierta, permanentemente conectada con la luz, consciente de que todo lo que te rodea se encuentra en tu cabeza y, por lo tanto, puede ser transformado. Ábrete a la posibilidad de que los milagros signifiquen reconocer que el pensamiento viejo dejó de funcionar en tu mente.

Capítulo Veintiuno

ℰℐ

Amor y vitalidad

El hecho de que todo lo que existe provenga de un pensamiento te otorga gran amplitud en cuanto a tu manera de vivir y te permite comprender que esa juventud que consideras pasajera puede acompañarte mucho más tiempo del que crees y que también esa vejez que parece ser un paso obligado puede llegar en el momento que tú elijas o que incluso podría no llegar. El dolor, la desesperanza y la impotencia son autoimpuestos, así como lo son la vejez y la muerte. Todos estos eventos obedecen a las creencias implantadas en tu sistema, ya que con ellas has crecido hasta el punto de creer ciegamente en sus efectos. Yo creo que si son nuestros pensamientos los que ocasionan el deterioro del cuerpo físico, entonces también son ellos quienes pueden conservarlo perfectamente sano.

Eres libre de interpretar las palabras sanadoras como afirmaciones positivas o como sonidos sagrados, lo que cuenta es en qué forma trabajarás con ellas. El amor a ti misma va más allá del tiempo, va mucho más allá de los viejos conceptos que te protegían, y por eso puede ser considerado como un regalo multidimensional para todas las almas o seres que ya se han preparado para ello en la rueda de la vida. Cuando aceptas esta hermosa filosofía, es porque has aprobado las lecciones que necesitabas y porque estás lista para formar parte de la raza de seres humanos que ha pasado al siguiente nivel.

Para revertir todo ese desgaste físico al que has llegado, necesitas aceptar en niveles muy profundos de tu conciencia que envejecer no es un proceso natural, es sólo el resultado de lo que heredaste o aprendiste de tus padres y ancestros, es el resultado de un pensamiento erróneo, alterado. La prueba de esto es que no todos envejecemos de igual manera, algunas personas se arrugan más que otras, porque tal vez para ellas la vida es un campo de batalla en el cual ganan o pierden; algunas otras personas casi ni tienen arrugas y gozan de muy buena salud, aunque se encuentren en la que llamamos *la tercera edad*; tal vez sea porque ellas consideran que la vida es un regalo y que por eso sólo ganan.

Desarrolla el hábito de sentir placer por estar aquí en la Tierra. No tengo que decirte cómo hacerlo, porque tú sabes cuál es la mejor manera; adáptate con amor a las circunstancias de tu vida y recuerda bendecirla sea como sea. Aunque muchas veces hayas deseado morirte, puedo garantizarte que si tu deseo se hubiera cumplido y no estuvieras en este mundo, en algún espacio escondido en tu Ser, cuando te vieras sin cuerpo físico y sin angustias, desearías volver, no una, sino mil veces más, sólo por el placer de sentir, por el disfrute de tus sentidos, por el deleite interno que proporciona una lágrima, por lo que significa poder tocarnos, por la experiencia de la palabra, del beso, de la voz, del sonido; por la lección tan valiosa que sólo deja el dolor humano.

El día de hoy bendigo mi ayer. Bendigo y agradezco
aquellas palabras que ahogué; apruebo todas aquellas
que con ira pronuncié; me perdono por el silencio
que tanto rechacé; me amo por todas las veces en las
que no amé. El día de hoy bendigo mi existencia,
me bendigo a mí misma y amo cada instante,
sin resistirme a la luz divina en la que me muevo.
El día de hoy por primera vez me acepto y soy feliz.

El proceso de curación, de vivir mejor, de asimilar mejor los asuntos cotidianos, comienza con un instante; si te dedicas a pronunciar o internalizar las 4 palabras que curan durante un espacio de tiempo en tu día, podrás experimentar una recarga de energía inusual, a la vez que sentirás que has descansado y tu cuerpo físico revelará todo esto y, además, las personas con las cuales te encuentres también te lo harán saber. Asimismo, tendrás deseos de estar viva, tendrás el impulso de hacer muchas otras cosas, despertarás talentos que estaban escondidos y encontrarás respuestas a todas tus preguntas; te sentirás poderosa.

Es la suma de todos estos resultados lo que te hará desear la vida y te permitirá renacer aunque tengas ochenta años. Es toda esta fuerza adquirida en tu interior la que te hará desear la inmortalidad.

Capítulo Veintidós

಄

Borrando memorias por escrito

A lo largo de mi vida he trabajado con meditación, imposición de manos, reflexología, control mental, afirmaciones positivas, técnicas de liberación emocional y mucho más, así que por ello he comprendido que la palabra asertiva, en tiempo presente, unida a las 4 palabras que curan, es la manera más efectiva para desactivar viejas pautas mentales que ocasionan dolor físico o emocional.

En cada técnica aprendida he observado que el componente principal es la intención de sanar algo, de querer sentirse mejor emocionalmente, y cuando se sincroniza esto con la tranquilidad de que en algún espacio se están dando los cambios o cuando ni siquiera se necesitan los cambios, es cuando se pueden sentir. En este capítulo te enseñaré a trabajar con afirmaciones positivas relacionadas con las hermosas palabras que has aprendido en este libro, así como con los sentimientos que estás experimentando. Realmente es algo muy agradable, porque estás aceptando tu frustración o tu situación actual, porque también aceptas lo humana y falible que eres. La idea es que aprendas a eliminar la necesidad de querer cambiar algo en ti como si fueras mala, es esta actitud de rechazo y crítica hacia ti la que te hace debilitar tu sistema inmunológico. Tu verdadera evolución da inicio cuando no intentas cambiar lo que eres o quién eres, eso eliminará la culpa que nació contigo.

Por medio de este tratamiento escribirás a diario, en un cuaderno que tengas destinado para esto, algunas afirmaciones de amor hacia ti (pueden ser mínimo diez y máximo las que desees), por un tiempo mínimo de un mes, aunque sería mucho mejor adoptarlo como un hábito para toda la vida, ya que estás siempre conectada con la aprobación de tus actos. Puedes crear una frase especial y trabajar sólo con ella o también puedes escribir las 4 palabras curativas que ya dominas. Elige lo que sea más cómodo para ti y disfruta de esta etapa de sinceridad contigo misma. Es posible que mediante este proceso experimentes nuevas crisis curativas y que remuevas viejas heridas, con el fin de borrarlas definitivamente de tus recuerdos.

A continuación te doy algunos ejemplos de frases asertivas que están totalmente relacionadas con lo que has aprendido (en la línea puedes colocar lo que sea que llegue a tu mente):

*Yo (tu nombre) siento que _____
puedo perdonarme por lo que estoy sintiendo.*

*Yo (tu nombre) odio que _____ y puedo perdonarme
por no estar satisfecha con mi vida.*

*Yo (tu nombre) puedo perdonarme por lo que he sentido
toda mi vida y por_____.*

*Yo (tu nombre) puedo aprobarme ahora por
haber sido _____.*

*Yo (tu nombre) me amo profundamente,
aunque _____.*

*Yo (tu nombre) estoy dispuesta a ser perdonada
por mi niña interior pese a que_____.*

Yo (tu nombre) me perdono completamente.

Yo (tu nombre) me siento agradecida conmigo misma.

Yo (tu nombre) soy la gratitud.

Yo (tu nombre) me amo verdaderamente.

Yo (tu nombre) me amo y, por lo tanto, me acepto tal como soy, aunque_____.

Yo (tu nombre) elijo perdonarme a mí misma, pese a que (el nombre de alguien) dice que_____.

Yo (tu nombre) me siento agradecida con la vida y con Dios.

Yo (tu nombre) me alimento y me nutro de amor.

Yo (tu nombre) soy el amor.

Yo (tu nombre) soy la energía divina de Dios.

*Yo (tu nombre) ahora puedo perdonarme
en el nombre de todas las personas.*

Yo (tu nombre) elijo amarme y aceptarme sin condiciones.

Puedes construir tus propias frases, desahogarte con ellas; todo está permitido para ti; nada de esto es un pecado, sólo es tu pase hacia la libertad emocional.

Esta manera de sanar el inconsciente es benéfica para cualquier ser humano que desee practicarla, la acción de escribir las palabras sanadoras es muy poderosa, porque así estás borrando recuerdos o memorias mientras utilizas todos tus sentidos.

Cuando me refiero a borrar memorias por escrito, no estoy quitándole poder a la acción de sentir o pronunciar las palabras sanadoras, sólo estoy mostrándote el abanico de posibilidades que hay a tu alrededor, para que elijas la forma de amarte y aprobarte que vaya de acuerdo con tus necesidades y con el momento que estés viviendo. Recuerda que el amor no excluye, sino que integra, y te permite desarrollarte en muchos otros aspectos.

Cada una de las palabras "mágicas" contiene el inicio y el fin del drama humano, en ellas se encuentra la raíz de cualquier sentimiento que puedas experimentar; por eso puedes ampliarlas y llevarlas en la dirección que consideres apropiada. Cuando las mencionas o las sientes, tu cuerpo desencadena una serie de reacciones, de respuestas, es como si un botón activara la vida en tu organismo, refrescándolo y permitiéndole tomar conciencia de todo lo que contiene; sin darte cuenta, utilizas tu voz, tus oídos, tu sensibilidad y tu mirada. Cuando las escribes, complementas aún más este efecto, porque utilizas más sentidos y en el acto de escribir aparecen ante tus ojos imágenes inesperadas que te van guiando hacia tus posibilidades de cambio.

La idea de escribir las 4 palabras que curan una y otra vez es utilizar la repetición como un hábito que sustituya los viejos pensamientos por otros cargados de confianza y amor hacia tu Ser. Puedo decir que este proceso es totalmente liberador y altamente efectivo. Lo he realizado con muchas afirmaciones dirigidas hacia muchos aspectos y esto ha dado lugar a cambios significativos en mi vida. Cuando lo desees, puedes utilizar la siguiente oración:

Inteligencia Divina, borra de mi conciencia,
el pensamiento errado que ha creado esta apariencia:
(escribe las dificultades que lleguen a tu mente
en ese instante). Gracias. Gracias. Gracias.

Otra opción que tienes es la siguiente: si durante mucho tiempo te has resistido a soltar tu pasado, te recomiendo que escribas todo lo que pasa por tu mente en una hoja en blanco, relata todo lo que salga de tu mente, no importa si son palabras de odio, no importa si eres grosera, despójate de esa capa de angustia y sé libre expresándote como jamás lo has hecho. Luego toma otra hoja y llénala con las 4 palabras curativas, ámate mientras lo hagas y también después. Haz esto los días que sean necesarios para ti y ojalá pueda ser durante un mes o más, para que notes los cambios. Recomiendo que hagas este escrito a mano y por las mañanas, utiliza el número de hojas que quieras y aunque puedes utilizar tu computadora, te recomiendo hacerlas a mano, porque nada sustituye la energía yendo directamente de la mano al papel.

Todos estos ejercicios son parte de tu propia intimidad; evita mostrarlos o compartirlos, guárdalos donde sólo tú sepas; cuando sientas la necesidad, acéptalos, rómpelos y tíralos.

Capítulo Veintitrés

❧

Limpiando espacios y objetos

Cada ser humano contiene en su interior una réplica exacta del Universo que parece estar fuera y por eso es comprensible que todos estemos hechos de la misma esencia; sillas, mesas, paredes, camas, casas, aviones, bosques, plantas, animales y medio ambiente son parte de lo mismo, están hechos de la misma luz que nosotros los humanos y por lo tanto son movimientos y proyecciones de nuestro espíritu. Como estos objetos están conformados por la misma energía nuestra, se hacen sensibles a nuestras emociones, alterando a veces su esencia o su propósito sin que nos demos cuenta, tal como sucedió en el ejemplo que pongo a continuación.

Una ocasión tuve una charla con una amiga y al preguntarle cómo estaba, me respondió que no muy bien y que andaba buscando un plomero con algo de urgencia, porque las correas del servicio sanitario habían estallado y se había inundado su casa mientras ella dormía. Observando su rostro y conociendo su historia le pregunté: "¿Estás segura de que todo está bien en tu vida?". Respondió nuevamente que sí, de modo que insistí y fui más directa al preguntarle: "¿Has estado llorando?". Entonces, me respondió con una pregunta: "¿Cómo lo sabes, Vivi?". De inmediato, nos sentamos a charlar sobre el motivo de su llanto.

Esto me ha sucedido con las personas en diversas ocasiones y no significa que pueda adivinar sus vidas, sólo quiere decir que he aprendido que todo lo que nos rodea es el resultado de nuestras necesidades y, por lo tanto, es sensible a cada emoción.

El ejemplo anterior te permite comprender claramente hasta qué punto eres una con los objetos inanimados, hasta qué punto dejas de ser tú a nivel humano e individual para pasar a tomar la esencia de un mueble o de un refrigerador. Ya sé que suena un tanto extraño, pero es fácil de aprender. Yo lo hice precisamente gracias a los desperfectos de mi vivienda, porque en aquellos momentos donde había tristeza en mi corazón, algo fallaba en las tuberías y yo no entendía el porqué, hasta que un día que me encontraba frustrada y sumergida en mis viejas ideas, escuché un fuerte ruido en la cocina debido al daño que había en los ductos de su pared principal; esto fue el aviso de una fuga que sólo el plomero pudo arreglar. Entonces comprendí la influencia que tiene un pensamiento o una emoción sobre los objetos que se consideran inanimados. Por eso no debe sorprenderte que si te sientes deprimida, impotente y fatal, tu automóvil lo refleje con algunos desperfectos; es posible que funcione mal el motor, que alguien pase y accidentalmente se lleve uno de los espejos retrovisores o que casi nunca funcione como debe de ser.

Es importante resaltar que los desperfectos en estos objetos no suceden cada vez que lloras, sino que todo depende de la intensidad de tus emociones, así como de sus causas. No siempre influirás contundentemente en lo que te rodea, porque, como en todo, hay una escala que mide el grado o la clase de emoción que influye. Hay lágrimas de lágrimas, como decimos coloquialmente; el nivel de dolor puede ser desgarrador, porque algún suceso en el presente te hizo recordar, por ejemplo, que los demás siempre se han burlado de ti, o el nivel de dolor puede ser tan ligero que ni siquiera toque esas fibras dolorosas; aun la tristeza más pasajera influye sobre lo que te rodea, pero no de manera como lo hace cuando la intensidad de tu nostalgia o de tu pesar es mucha. El hecho de que estas situaciones ocurran en tu hogar a menudo no significa que tengas que evitar el llanto; llorar no es malo en sí; las lágrimas generalmente limpian la vista y descansan el alma; llorar significa que le has dado rienda suelta a tu niña interior y has permitido que aflore su dolor; concéntrate en él y bendícelo para que se llene de luz.

Tus sentimientos impregnan todo lo que existe y también tienes la posibilidad de bendecir los objetos que te rodean, de agradecerles su servicio, su función en tu vida, y de amarlos como una extensión de tu Ser, para que en la medida en que vayas sanando tu corazón, todo lo que te rodea vaya absorbiendo tu nueva energía. El hecho de que tus electrodomésticos o las tuberías de tu casa hayan fallado algunas veces no significa que estés haciendo mal las cosas; todo tiene un orden divino y si te permites fluir aun con esos desperfectos, es posible que una aparentemente simple visita del plomero te lleve por caminos que tal vez necesites recorrer.

Esto también lo aprendí cuando remodelé algunas partes de mi hogar y conocí causalmente a un albañil que en sus momentos de descanso me comentaba sus experiencias de vida, así como su manera de aprender. Con él pude descubrir que el dinero es más una cuestión de conciencia que de esfuerzo físico y de cantidad de horas laboradas; también fue él quien me enseñó que la vida tiene muchas sorpresas que darte si estás lista para recibirlas y que aun en aquello que consideras pasajero hay encerrada una lección. Menciono esto para que comprendas que ni siquiera las averías en el hogar, en el lugar de trabajo o del carro son algo que deba interpretarse como un suceso negativo, y que si en algún momento esto te sucede, sólo bendice la situación, así como las enseñanzas que contiene.

La próxima vez que te encuentres en cualquiera de las habitaciones de tu casa o de tu trabajo, limpia los recuerdos que te relacionan con sus paredes, con sus muebles y con todo lo que contengan; lo único que tienes que hacer es volverte más receptiva a ellos, comprendiendo tu propia naturaleza. Por ejemplo, una manera sencilla de lograr que tu cama sea más cómoda y más adecuada para tu descanso es darle las gracias antes y después de acostarte; si sientes que tu noche no ha sido agradable, entonces borra memorias diciéndole: *"Lo siento. Perdóname. Te amo. Gracias",* y posteriormente percibe su "reacción", analiza su "respuesta" por medio de tus propias percepciones o sensaciones. Éstas llegarán a ti automáticamente, al comunicarte en esta forma con cualquier objeto que esté a tu alrededor. Todo está en ti. No existe algo externo a tu Ser, y el hecho de saberlo mejora la respuesta que recibes por parte de los objetos. Hazlo y confía en sus respuestas.

Se procede de igual forma cuando sientes pesado el ambiente de un espacio. Sucede que a veces entras en algún lugar y deseas salir rápidamente de él o de repente tu cuerpo experimenta cierto malestar, sientes que la energía ha disminuido y todo te incomoda. Esto sucede cuando algunas energías pesadas o densas han ocupado el lugar por los pensamientos de las personas que han llegado a él y si tú te encuentras ahí recibiéndolas, es porque tienes una memoria que borrar al respecto. Si percibes estas sensaciones en cualquier espacio, pronuncia solamente: *"Lo siento. Te amo".* Con eso bastará.

Cuando inicias procesos de limpieza o tratamientos de autocuración por medio del espíritu, diversos aspectos de tu conciencia parecen dirigirse automáticamente hacia los lugares y objetos de tu casa (o fuera de ella) que no están alineados con tu nueva manera de proceder, por lo que repentinamente surge en ti el deseo de acomodar nuevamente la sala o de hacer espacio en la biblioteca, tal vez resanar algunas paredes o quizá quieras despejar el desorden que había en tu armario. Notarás que vas a realizar muchos cambios en la casa sin que sea una obligación o un compromiso, lo harás de corazón y todo ello será el resultado del amor que estás sembrando en tu interior.

Capítulo Veinticuatro

ை

4 palabras que curan y estado alfa

Desde que estuve en el seminario Método Silva me dediqué a experimentar los niveles profundos de la mente por medio de la meditación. Desde ese entonces (hace catorce años) he grabado una gran cantidad de meditaciones para escucharlas y conectar con esa otra parte mía a la que casi nunca escuchaba. Con el seminario y con mi propia experiencia, aprendí lo que significa "estado alfa", y ahora lo comparto contigo.

Se dice que estás en alfa cuando te sientes tranquila, relajada, serena y conectada, se le llama así, porque ése es el nombre de las ondas que emite tu cerebro en estado de tranquilidad y paz. En cambio, cuando estás pensativa, asustada, acelerada, desconectada, tu cerebro está emitiendo otras ondas llamadas *beta*, que es como te encuentras casi todo el tiempo. El estado ideal para tu Ser es alfa, así será más fácil conocerte y desarrollarte como un ser humano multidimensional (inmune al espacio-tiempo).

Es más fácil entrar en estado alfa cuando cierras tus ojos, porque eliminas las distracciones que pudieran existir a tu alrededor; no obstante, yo he tenido experiencias maravillosas con clientes que con sus ojos abiertos han generado ondas alfa mientras pronuncian las 4 palabras curativas.

En alguna ocasión vino a mi oficina una mujer que se encontraba muy afligida porque no podía pagar sus deudas y los acreedores casi hacían fila en su casa cobrándole elevadas cantidades de dinero. Ella se encontraba en ese punto donde creía haberlo intentado todo sin obtener resultado alguno. Había sido agradecida, amorosa, entregada y, sobre todo, tenía la intención de pagar para salir de ese mar de deudas e incertidumbre, pero, pese a todos sus intentos, no había logrado lo que anhelaba; sólo tenía más desconfianza y miedo en su corazón. Así que le dije que iríamos a ese lugar de su conciencia donde ella se encontraba conectada con una fuerza superior y que allí obtendríamos las respuestas necesarias. Ella, con mis instrucciones comenzó a pronunciar las 4 palabras sanadoras muy lentamente: *"Lo siento. Perdóname. Te amo. Gracias"*. Dejaba dos segundos de espacio entre las palabras y continuaba esperando que algo grande sucediera. Me di cuenta de esto y le dije: "Entrégate a ellas; renuncia; no esperes nada; suelta el control y siente lo que estás diciendo; no estás probando al amor a ver si funciona; simplemente lo estás sintiendo dentro de ti". Ella sintonizó con la esencia de cada palabra y de repente me contó lo que estaba viendo en la pantalla de su mente: "Hay una hermosa imagen de alguien que viene hacia mí. Este Ser se encuentra rodeado de una gran luz y hay un bello río entre Él/Ella y yo. Este Ser entra en el agua y se acerca adonde yo estoy. Me siento iluminada y feliz en su compañía, me siento protegida a su lado".

Yo le pregunté: "¿Puedes escuchar lo que este Ser tiene que decirte?".

Ella dijo: "¡Sí! Sus palabras se refieren a que mi experiencia dolorosa terminará muy pronto, que sea consciente de que todo este camino fue necesario y que me perdone por todo".

Después de esto tuvo la sensación de ser bañada en las aguas del río por este Ser, quien delicadamente le refrescaba la cabeza. Algunas lágrimas rodaron por sus mejillas. Después de esto, mi cliente me dijo que la imagen se había ido y en su lugar había dejado una profunda paz.

Esta experiencia también fue hermosa para mí y siempre la tomo en cuenta para explicar la amplia gama de opciones que ofrece la curación con las palabras mágicas, teniendo en cuenta que es una terapia energética de la cual se desprenden cualquier otra cantidad de técnicas y procesos sanadores que son altamente efectivos cuando de corregir las causas de una situación problemática se trata.

Para entrar en estado alfa es importante que dejes a un lado tus pendientes y tus ocupaciones, que elijas el lugar de tu casa donde te sientes más cómoda y en intimidad contigo, que luego cierres tus ojos y te dediques a amarte, a alimentarte, a nutrirte con las 4 palabras que curan. Es importante que no te esfuerces en atraer imágenes, porque ellas vendrán solas, sin la intervención de tu mente consciente; ellas llegarán cuando te hayas unido a la Inteligencia Divina, cuando te hayas entregado, cuando no necesites nada más que ese instante para ti, cuando te dejes llevar por la corriente del río que eres hacia aguas tranquilas, hacia tus propios espacios de paz. Realiza esta práctica tanto como desees, encontrarás muchos aspectos que desconocías de ti.

Capítulo Veinticinco

ભ

Preguntas y respuestas

Aunque algunas respuestas a las preguntas siguientes están incluidas a lo largo del libro, he optado por agregar esta sección, porque creo que el principiante puede recurrir a ellas en caso de que tenga dudas en cuanto al proceso y desee respuestas más exactas.

Las preguntas que leerás a continuación fueron formuladas por los lectores de mi blog; escogí las que más se adaptan a tus necesidades.

1. ¿La curación por medio de las 4 palabras proviene de Dios?

Me han hecho esta pregunta muchas veces. Y casi siempre proviene de las personas que tienen miedo de ser guiadas hacia prácticas no autorizadas por su comunidad, porque sienten temor de apartarse ideológicamente del grupo religioso al cual pertenecen. Mi respuesta para todas ellas es sí. Estas 4 palabras provienen de Dios, porque tienen que ver con el aprendizaje del amor, tienen que ver con totalidad, con la sanación integral del ser humano. Tienen relación con todo lo que es, y en mi concepto, todo lo que "es" lleva en su núcleo a Dios. Todo lo que existe proviene necesariamente de Él.

2. ¿Necesito tener fe para obtener resultados con la práctica de las palabras sanadoras?

Esta pregunta tiene dos respuestas: la primera es que las palabras mágicas o sanadoras no se pronuncian para obtener resultados, porque la ansiedad que esto genera obstaculiza el flujo de energía a través del Ser, impidiendo así la acción de borrar memorias. La mejor manera de llevar a cabo esta práctica es de manera desprendida, entregándose a la inyección constante de amor a sí misma, y el amor verdadero no espera ansioso los resultados. El estudiante de esta filosofía ha de depositar sus asuntos pendientes en manos de la Inteligencia Divina y, por lo tanto, desentenderse del desenlace. La espera de resultados incluye una preocupación constante que en esta práctica sale sobrando.

La segunda respuesta tiene que ver con mi propio concepto de fe, mencioné esto al inicio de este libro. Creo que si tienes fe en el amor, esto es perfecto; pero también creo que si no tienes fe, de igual manera obtendrás sus beneficios. Recuerda que en esto no hay requisitos, no hay exclusiones. Tanto ateos como creyentes son bienvenidos al proceso; todos ellos son parte de una misma conciencia, por eso borrar recuerdos siempre funciona, independientemente de la fe.

3. En alguna ocasión asistí a un curso sobre la ley de atracción y conocí la técnica de sanar con las 4 palabras; entonces surgieron varias preguntas: ¿por qué tengo que sentirlo, si no fui yo quien cometió el error?, ¿por qué pido perdón cuando soy la ofendida?, ¿por qué, aparte de todo lo anterior, le tengo que manifestar amor y gratitud a esa otra persona que me hizo daño?

Las palabras que curan llegan a ese lugar de tu conciencia donde residen desde siempre todos los sistemas de creencias, tus resistencias, costumbres y hábitos, así como esa tendencia muy humana de sentirte herida por las actitudes de los demás. Cuando crees que es absurdo que tú seas quien pide perdón o quien agradece siendo la víctima, es porque aún te percibes como eso mismo, como víctima, y ves que todo ocurre "allí fuera", cuando las sensaciones desagradables están en ti, porque el dolor lo llevas tú. ¿Cómo puede ser posible que si algo te lastima no estés involucrada como creadora de esa experiencia? Pensar de esta manera no te llevará a ningún lugar y sólo te dejará sumergida en las mismas dudas y penas de siempre. Entonces, si estás preparada para un cambio interno, debes aceptar que sólo existes tú como un sistema, como una conciencia, y que en ti residen esos fantasmas, por eso son tu creación. Perdonarte a ti misma es perdonar a los demás y mientras no puedas digerir estos conceptos, estarás atada a la necesidad de esperar un cambio externo que difícilmente llegará. Cuando hay en ti la resistencia a dejar marchar lo que ocurrió en el pasado, cuando te resistes a perdonarte, es porque estás obteniendo "una ganancia" de esa situación y porque no te amas lo suficiente. Puede ser que el hecho de considerarte víctima todo el tiempo te permita obtener la atención de tu familia, te permita continuar en esa posición donde nada te importa, puede ser que sientas comodidad al no comprometerte por eso que ocurrió en el ayer; puede ser que creas obtener más amor si odias que si dejas marchar tu dolor. Puede haber tantas razones escondidas en ti y con las cuales crees inconscientemente que ganas algo al estar dolida, que puede resultar algo complejo buscar en toda tu experiencia y por eso necesitas un "radar" que lo haga por ti. De eso se trata la pronunciación de las palabras sanadoras.

Si en este momento te cuesta trabajo pronunciarlas para una situación muy dolorosa, es porque no quieres perder las ganancias que has acumulado y que continúas recibiendo; así que en el momento en que lo consideres conveniente; tal vez quieras intentarlo, tal vez desees dejar partir tu dolor en otro instante.

4. ¿Cuál es la mejor forma de borrar memorias? ¿Por escrito, con la pronunciación o con el sentimiento?

Para los tratamientos de amor no hay mejor guía que la propia voz interior. Afirmar que deben ser únicamente sentidas o pronunciadas o sólo escritas significaría detener la intención o el deseo del Ser por hacer algo determinado con ellas, sería limitar tu amplio rango de posibilidades. Todo depende de tus necesidades. A veces el hecho de gritar *"¡Me amo!"* te brinda el impulso necesario para soltar un recuerdo doloroso, más que si lo dijeras en voz baja. También puede ser que te encuentres haciendo fila en un banco y que desees borrar memorias, para lo cual eliges sentirlas en tu corazón con todo detalle. Y si estás en casa, sentada cómodamente en tu comedor, con una hoja de papel a tu lado y deseas probar qué se siente al escribir las frases sanadoras, entonces préstale atención y hazlo. Incluso puedes hacer carteles grandes en colores que te agraden o con los cuales estés en sintonía en ese momento y escribirlas en ellos, después puedes pegarlas en el baño de tu casa, o en tu oficina, o en donde las leas siempre. ¡Puede ser que estés tan feliz, que desees cantarlas! ¡Sí, cantarlas! Esto convertiría la limpieza de memorias en un ritual divertido que te haría sentir aún más felicidad y claro que utilizarás la felicidad para manifestar tus deseos. Cualquier manera que elijas para borrar memorias tiene su componente especial. Al sentirlas, entras en contacto con tu propio "yo". Cuando las sientes y las pronuncias, le añades el poder que tiene la vibración de tu voz; cuando las sientes, las pronuncias, las cantas y las escribes, utilizas todos tus sentidos en un proceso de limpieza perfecto. Esto no hace un ejercicio mejor que el otro, sólo diferente. Pero siempre es importante que tu Ser decida, que escuches los deseos e intenciones de esa voz que te guía siempre para que permanezcas inspirada.

5. Mis negocios no andan bien últimamente, he recibido una propuesta de alguien con quien me gustaría trabajar

y en realidad siento miedo de perder esta oportunidad de lograr ese negocio con esa persona, porque es la única salida que tengo para pagar mis deudas y compromisos económicos. ¿Cómo puedo practicar las 4 palabras que curan para que este negocio se me dé?

En primer lugar, tú no sabes hasta qué punto es conveniente que ese negocio resulte; tu mente cree que con eso quedará todo arreglado económicamente, pero tu mente se apoya en el miedo y no en la Inteligencia Divina, quien sabe qué es lo que necesitas experimentar en la vida. De hecho, en la pronunciación de las palabras sanadoras se encuentra la respuesta a tu pregunta; además, nuevamente hago énfasis en que los resultados no importan en alguien que ha sintonizado con la razón de ser del amor, porque cuando has comprendido el significado de cada una de sus palabras, puedes ser feliz sin necesidad de que un negocio resulte o no, o de que obtengas algo o no; si amas algo tal como es, ¿para qué cambiarlo? La correcta pronunciación de las frases sanadoras es en sí la propia curación, porque con el solo hecho de aplicar la gratitud con todo el corazón, estarás dando por hecho que lo que obtienes siempre es una ganancia y, por lo tanto, no hay nada que sanar, nada que pedir, nada que desear. Insisto en recordarte que cuando eres consciente del significado de cada palabra sanadora no necesitas obtener resultados, no necesitas más, porque comprendes de inmediato que todo es como tiene que ser, porque sencillamente ya es.

6. **Hay una parte de la oración que realizas en una de tus meditaciones que aún no he podido comprender y es donde le pedimos perdón a Dios o Inteligencia Divina por haber ofendido con nuestros pensamientos a sus antepasados, parientes y familiares. ¿Cómo pudimos**

haberlo ofendido y, más aún, cuáles son sus familiares y antepasados?

La hermosa oración a la cual haces referencia forma parte del legado de la comunidad hawaiana para la humanidad y sé que muchas personas se han hecho esta pregunta, por eso la he incluido en esta sección, para que puedan tener una idea más clara al respecto. La respuesta es que los familiares y antepasados de la Inteligencia Divina son los mismos nuestros, porque no hay separación entre Ella y nosotros.

7. En algunos de los artículos de tu blog has escrito que, con la práctica de las 4 palabras que curan, una persona puede sanar el medio ambiente y, por lo tanto, el planeta Tierra. ¿Es posible que un ser humano sólo pueda lograr esto?

Sí. Es posible porque no estás sola así como lo crees. Cada vez que tú estableces un deseo, una intención o una meta, estás enviando esta información a todo el colectivo, tal como si la única conciencia que existe tomara una decisión. Así que vamos a suponer que en el silencio de tu habitación le ofreces tu mejor plegaria al planeta Tierra, entonces, mientras la estás diciendo, todo el sistema que tú integras se encuentra conectado a ella; mientras estás orando, tu conciencia se une a todas las que reciben tu oración y de inmediato se sincronizan contigo o al contrario. Esta fuerza individual y colectiva es el impulso que puede crear. Así que cuando meditas, oras, eres agradecida o eres feliz, también lo hace la humanidad a cierto nivel, también lo hace la Tierra y también lo hace la Inteligencia Divina.

8. ¿Es necesario pronunciar las 4 palabras que curan en un mismo orden?

No. Cada palabra sanadora es una llave hacia la puerta que conduce a la paz interior, a la luz del alma, por lo que al pronunciar una de ellas (con la que más vibres en determinado instante), tendrás ese contacto con tu otro yo. Así que el orden no importa, porque cada una de ellas tiene la facultad de conectarte contigo misma.

9. ¿Crees que cada uno de nuestros actos es impulsado por Dios? ¿La mente que piensa en mí es la Mente Divina? ¿Esto significa que cada pensamiento que llega a mi mente es producto de la Voluntad Divina?

Lo que para media humanidad simboliza el Bien, para la otra mitad significa el Mal; esto hace que no exista una realidad idéntica para todos, sino una serie de situaciones que podemos calificar por medio de nuestro sistema de creencias. Es así como puedes elegir si tus pensamientos tienen un origen en Dios o por el contrario, son producto de tu mente enfermiza, alterando con cualquiera de las dos elecciones la realidad que te rodea. En pocas palabras, tu elección apoyará las creencias que siempre te han acompañado, generando miedo o paz interior para ti.

En la Creación nada es un error, incluso el hecho de sanar el error de la mente es parte de su misma perfección. Si el error tuvo que existir, entonces es parte de la corrección. El error deja de ser error cuando te abres a la posibilidad de que tal vez no lo sea.

10. Hay momentos en los cuales me ha resultado muy difícil la práctica de las palabras sanadoras; por ejemplo, cuando he tenido dolor físico, cuando las dificultades económicas me estaban asfixiando o cuando la tristeza

invadía mi ser; entonces, al mencionar las palabras sanadoras, no he encontrado una respuesta inmediata por parte de la Inteligencia Divina. El dolor permanece en mi cuerpo, aunque le diga **"te amo"**. Entonces no sé qué más hacer, aparte de encerrarme en mi impotencia. ¿Por qué las palabras sanadoras que mencionas no pueden sanarme inmediatamente? ¿Qué estoy haciendo mal?

Nada estás haciendo mal. Realmente todo lo haces muy bien. Y quiero que sepas que las 4 palabras que curan te dan una respuesta inmediata a un nivel que generalmente no puedes percibir, porque no has despertado esa parte tuya que puede leer tu campo energético. Si pudieras observar la energía de tu cuerpo, notarías que tu espíritu recibe la intención, la oración o la plegaria como si fuera un rayo de luz, que es la señal de que se ha reestablecido el equilibrio. Pero tal vez el percibirlo sea demasiado para tu sistema de creencias y tengas que esperar para sentirte mejor.

Todas y cada una de las palabras que piensas o pronuncias tienen un efecto en tu cuerpo y siempre crean formas de diversa naturaleza; entonces, en cuanto borras memorias, creas formas, símbolos o señales que corresponden con la salud en tu cuerpo. Si crees no recibir respuestas inmediatas, es porque no te has entregado, o sea que no has introducido en tu Ser el significado de cada palabras sanadora. Esto puede suceder cuando las dices superficialmente o cuando lo haces con condiciones, esperando recibir una respuesta. Si, por ejemplo, sientes dolor físico y borras las memorias que te unen a él, estás incluyendo la gratitud, lo que en otras palabras significa, "acepto lo que estoy sintiendo como un regalo". Entonces no tendrías por qué esperar respuestas inmediatas, ya que te sientes agradecida, pues has recibido algo importante. Si percibes al dolor como un regalo divino o, mejor aún, como tu ángel guardián, porque tal vez te está protegiendo de algo que sería muy difícil de vivir para ti, entonces no te sentirás devastada, solitaria o triste; te sentirás bendita. Tal vez puedas aceptar posteriormente que ese dolor es una idea en tu mente y que por eso realizas el proceso de borrar memorias. A esto le llamamos *integración*, que significa aceptar el dolor o la enfermedad, para poder liberarlo fácilmente, y así entrar en el mundo real, donde ese dolor nunca existió.

11. He escuchado muchas veces que todas las personas a nuestro alrededor son espejos en los cuales podemos observarnos. Sin embargo, he tenido cerca de mí a personas cuyo comportamiento rechazo totalmente, porque les considero capaz de maltratar incluso a los seres más indefensos, y cuando intento observarme en ellos, no me encuentro, porque yo no me siento capaz de causarle daño a alguien así, como lo percibo en ellos. Mi pregunta es: ¿cómo puede ser mi espejo alguien que actúa de forma en que yo jamás lo haría?

Para comprender este concepto hay que tener claro que todo lo que observas o sientes es producto de una facultad que se llama *percepción*. Gracias a ella podemos advertir un mundo hostil o amigable por medio de nuestros sentidos y ellos sólo pueden percibir lo que ya conocen, o sea que se apoyan en el recuerdo para funcionar correctamente. La percepción te impulsa a cuestionar, evaluar, juzgar y a temer las situaciones que te rodean, impidiendo así que obtengas la imagen real. No obstante, también la percepción tiene su lado positivo, por medio de ella tienes la posibilidad de elegir aquello que quieres ver. Si una enfermedad para muchas personas es motivo de una profunda depresión, tú puedes elegir que esa misma enfermedad sea la razón de tu alegría, porque ha llegado a ti para que puedas conocerte y así aprender a ser sincera contigo misma. Ésta es la flexibilidad que te brinda la vida para poder elegir, así que el hecho de que percibas que alguien cercano a ti es capaz de hacer daño, es también una elección tuya, con el fin de que puedas sanar un recuerdo del cual no eres consciente.

Creaste el Universo donde vives, creaste todo lo que ves, hueles, tocas, palpas, sientes; trajiste a tu Universo a todas las personas que ves para poder sanar tu propia humanidad; así que aunque a nivel individual no creas tener ciertas características, el hecho de que las veas en alguien más te indica que están dentro de ti. De ahí viene el concepto de ser cien por ciento responsable.

La idea es comprender que si un ser humano desarrolla conductas inexplicables o absurdas, entonces tú como persona eres proclive a desarrollar este mismo tipo de conductas. Generalmente haces juicios de las personas que han cometido crímenes contra la humanidad o que han abusado sin límites de su poder, porque ignoras que si hubieras estado en su lugar, convivido con una familia similar a la suya, con un entorno igual al de su niñez, adolescencia y adultez, entonces actuarías de la misma manera que ellos. Por lo general, el ser humano es un producto del medio y el medio es alimentado por la mente colectiva que eres tú.

Por ejemplo, supongamos que eres alguien que protege la vida animal, porque te gusta que los animales vivan bien, así que cuestionas y rechazas el maltrato a los gorilas, lo odias. ¿Qué resulta de esto? Tú desarrollas un odio enfermizo hacia las personas que son capaces de hacerle daño a los gorilas, de modo que, para proteger a los animales, impulsas toda clase de movimientos, reuniones y luchas contra las personas o empresas que consideras enemigas del medio ambiente, lo que significa que, sin querer, estás utilizando el mismo mecanismo de la gente que aborreces.

¿Cómo crees que reaccionarías si te encontraras frente a frente con una de las personas que le hacen daño a los gorilas? ¿Cómo te comportarías si tuvieras un arma y tuvieras la oportunidad de defender a un gorila de estas personas? Yo creo que dispararías, atacarías, acabarías con lo que consideras una amenaza sobre algo que amas y quizá serías mucho más cruel que ellos, y utilizarías el mismo recurso que estás cuestionando, con el agravante de que sería contra una vida humana. Y puedes atacar a alguien sólo cuando lo ves separado de ti, porque si supieras que ese alguien eres tú misma, en otro cuerpo, entonces sólo sentirías compasión y te perdonarías completamente.

Ya puedes darte cuenta cómo al cuestionar, juzgar o calificar estás haciéndolo contigo misma; o sea que sólo puedes ver en los demás aquello que sin duda alguna posees. Es por eso que todos somos capaces de todo y haríamos cualquier cosa, léase bien, "cualquier cosa", para sobrevivir. Tal vez hasta este momento el cuerpo en el cual estás despierta no haya tenido necesidad de experimentar algo así y por eso tu vida no te ha guiado a este tipo de vivencias, pero tú misma conciencia habita otros cuerpos en donde haces valer tu "propia ley".

12. He estado estudiando algo sobre la ley de atracción y también algunos textos de autores que afirman que no se deben mencionar o bendecir las situaciones negativas que llegan a nuestra vida, porque así las ampliamos y las hacemos más fuertes; entonces al aprender sobre las 4 palabras que curan, entiendo que es al contrario y que en realidad hay que bendecir todo lo que consideramos negativo. No sé por cuál de las dos opciones inclinarme. ¿Me puedes aclarar esto por favor?

La Inteligencia Divina te ha dotado de la libertad necesaria para elegir cuándo una situación es negativa y cuándo no lo es, de manera que si consideras que la escasez es negativa, que no tiene nada que enseñarte y que en realidad sobra en tu vida, no hay en ti una razón para bendecirla o sentir gratitud hacia ella; por lo tanto, querrás que desaparezca para siempre. Si crees que una enfermedad no tiene nada que enseñarte y que sólo te está castigando, tampoco tendrás razones para bendecirla y sólo desearás que se marche de tu cuerpo. Igualmente sucede con cualquier situación difícil que estés viviendo.

Lo que ocurre es que en ese rechazo de lo que no deseas en tu vida, no hay aceptación; hay lucha y estos conceptos no están relacionados con la ley de atracción. Si por el contrario, comprendes que la escasez es el camino de la abundancia, que la enfermedad te enseña a descubrirte y que puedes aprender mucho de todo esto, te sentirás guiada a bendecirlo y a ser agradecida, para en esa forma emanar la energía que es equivalente con lo que es perfecto para ti.

Entonces, mi respuesta es: bendice y agradece todo lo que llegue a tu vida, porque no sabes hasta qué punto es conveniente vivirlo; además, la escuela y las enseñanzas que deja el dolor son únicas, valiosas, y son las que nos han permitido estar aquí ahora.

13. Si dejo de borrar memorias definitivamente, ¿podrían volver los recuerdos ya borrados?

Es posible que algunos recuerdos necesiten de más tiempo para ser borrados. Algunos de ellos tienen ramificaciones o se encuentran tan incrustados en la conciencia, que al salir a la superficie, tienden a dejar residuos. Por eso, soltar la práctica de las palabras que curan, para regresar a tu forma de pensamiento anterior, es un gran riesgo que tal vez no estés dispuesta a correr. Esto podría generar nuevamente en ti algunas pautas mentales que te hicieran adoptar comportamientos anteriores no deseados. Las memorias no son una característica temporal de la mente consciente; ellas son la razón de ser de la mente consciente, de manera que siempre estarán dispuestas a salir; entonces, mientras puedas permanecer conectada con tu Yo Superior borrando memorias, hazlo.

14. ¿Por qué has calificado las palabras que curan como sagradas?

Considero que son sagradas, porque son intocables, sólo tienen un significado, una misión, una tarea específica y causalmente esta tarea tiene que ver con permitir que el ser humano alcance su redención por medio del perdón a sí mismo. Estas palabras nacieron cuando el Ser podía reconocerse fácilmente en todo lo demás, cuando la Creación era su propio espejo. Esto, aunque parezca pasado, aún sucede; por eso impregna nuestra existencia, por eso llega hasta nosotros para enseñarnos simplemente a amar. Y el amor es una experiencia divina; por lo tanto, sagrada.

15. Aquí en España hemos creado grandes grupos de oración con tus audios, algunos terapeutas hemos organizado listas con miles de nombres de personas que necesitan sanar y que se encuentran en cualquier parte del mundo. Lo que queremos saber es: ¿estamos realizando el proceso correcto? ¿Es importante el nombre de la persona con la que se desea borrar memorias o podemos hacerlo masivamente sin tomar en cuenta sus nombres?

Me encanta esta pregunta, sin duda alguna la respuesta llenará muchos vacíos en gran parte de los terapeutas y sanadores. Cuando grabé los audios, lo hice pensando en que para muchos de ustedes iba a ser una herramienta de trabajo, porque durante media hora podrían escuchar mi voz diciendo una y otra vez las palabras sagradas, mientras podían dedicarse simultáneamente a sus actividades diarias o recostarse cómodamente para sólo escucharme. Este tipo de audio es una manera práctica de no descuidar la misión de tu alma, mientras te ocupas de la misión de tu cuerpo. Lo ideal es estar totalmente presente en la actividad, pero si se tienen cosas que hacer, también se le puede dedicar algún espacio al audio.

Respecto a si están realizando el proceso correcto, opino que sí. En la manifestación del amor no existe un método correcto o incorrecto, esto es algo que se siente o no; entonces, cuando puedes sentirlo, ya has sintonizado con el poder de la energía curativa y obtendrás más de aquello que estás compartiendo. De modo que siempre que tengas la intención de expresar o manifestar amor, estarás procediendo correctamente.

El nombre de las personas que tienes en tus listas es muy importante; los antiguos creían que el nombre de alguien encerraba todos sus secretos y si esto en un tiempo fue real, entonces nada tiene de raro que actualmente lo sea. El nombre propio tiene ciertas vibraciones y puede transmitir muchos mensajes a quienes son receptivos a ellos; es así como muchos médicos intuitivos pueden dar un diagnóstico sólo con saber el nombre del paciente tal, como lo menciona Caroline Myss en su fantástico libro *Anatomía del espíritu*. Entonces, si puedes trabajar con el nombre de alguien para transmutar sus dificultades, excelente. Y si por cualquier razón no cuentas con su nombre, entonces entra en juego tu intención y mediante tu deseo de soltar tu propia necesidad de la enfermedad que refleja tu paciente, tendrá lugar la curación; sólo necesitas un par de palabras: *lo siento, te amo,* y automáticamente todo error será corregido en tu mente. Esto es lo que comúnmente llamamos *milagro.*

16. He leído en muchos sitios web que el terapeuta crea al paciente y también a su enfermedad. ¿Qué razón tienen para crear este desequilibrio? ¿Cuál es la finalidad?

Uno de los postulados más sorprendentes de la sanación por medio del amor es que el terapeuta, sanador, médico o profesional de cualquier área de la salud crea al paciente con todo y enfermedad. Comprendo que esto no es fácil de digerir, porque suele confundirse con una acusación y no es ésa la intención. Para asimilar mejor este concepto, es importante que comprendas la importancia de ser responsable (o creadora) de todo lo que ves, de todo lo que respiras, de todo lo que oyes y de todo lo que sientes. Eres responsable de todo lo que perciben tus sentidos. Por ejemplo, si vas caminando por la calle y a tu lado pasa un hermoso automóvil clásico, quien siente el placer de observarlo y escuchar su motor eres tú; por lo tanto, tú has sido su creadora. Si alguien va caminando a tu lado y observa el mismo coche, entonces creaste a esta persona también para que pudiera compartir la misma opinión que tú tienes del coche.

¿Y cómo creas personas, coches o casas? Con tu pensamiento. Has creado todos y cada uno de tus encuentros con el único fin de aprovechar la existencia de un registro, de un recuerdo que a veces llega en forma de enfermedad y que necesita ser borrado para el bien de la humanidad. Creas registros, memorias, recuerdos, situaciones, pacientes y enfermedades con el fin de experimentarte en todas las facetas que te es posible y en todos y cada uno de los aspectos que integran tu propia identidad.

Aparentemente, esto significa crear desequilibrio, pero una de las formas más fáciles de llegar a la aceptación es comprendiendo que "el caos reina dentro del orden", o sea que los recuerdos, el dolor, la angustia existencial conforman lo perfecto, lo que tiene que ser, y no creo que haya manera de discutir esta ley de la vida. Tu misión como terapeuta es contribuir a la curación de algunas personas que te necesitan en este espacio, porque así lo decidiste para sanar tu humanidad desde sus raíces. Esto puede compararse con cualquier otra profesión o actividad: carpintero, albañil, ingeniero, médico, abogado, etcétera. Todos elegimos nuestra misión y a quienes tendrán a su vez la misión de complementarla.

17. **Ahora que me encuentro borrando memorias siento que cometo un gran error cuando me defiendo de las personas con las cuales trabajo. Hace un par de días, alguien me ofendió y me olvidé de todo lo que he aprendido temporalmente, así que le respondí algo mucho más fuerte que lo que esa persona me dijo. Después me sentí culpable, mala, vacía, no merecedora de llamarme practicante de las 4 palabras sanadoras, no merecedora de recibir paz interior. Ahora no sé qué hacer. Tampoco estoy de acuerdo con que borrar memorias sea poner la otra mejilla y**

**permitir que las otras personas me insulten. ¿Cuál es la
clave para ser una buena estudiante de esta filosofía?**

Voy a ampliar un poco más lo que escribí en capítulos anteriores
sobre la aceptación. Amar no significa poner la otra mejilla y tampoco quitarla, simplemente porque el amor no intenta cambiarte;
su razón de ser no es la lucha, sino la aceptación de ti misma sin
condiciones. Esto quiere decir que si en algún momento alguien te
dice palabras que disparan tus antiguos miedos y te es imposible
detenerte, entonces es importante que te comprendas por ello.

A veces nos cuestionamos duramente por las palabras que
utilizamos y, aunque no sean las mejores, nuestra mejor opción
es comprender que ellas tienen una razón especial para salir de
donde estaban atrapadas y que quizá lo único que hicimos fue
darles libertad. Yo sé que la actitud que en el sistema de creencias implantado es perfecta consiste en observarnos en esa otra
persona como si fuera un espejo y perdonarnos antes de perder
los estribos, pero esto a veces no es tan sencillo, porque lo que se
escucha oprime el botón de un recuerdo que todavía duele y es
por eso que te sientes casi obligada a reaccionar agresivamente,
luego de interpretar una palabra como ofensiva.

Si eres una estudiante de las 4 palabras que curan y reac-
cionas de forma inesperada o violenta ante cualquier situación,
acéptate completamente por ello y reconoce la perfección de ese
instante; ámate y acéptate reconociendo el valor que tuvieron
esas duras palabras que dijiste y de qué manera generaron algo
positivo en ti. Tú eres esa otra persona a quien trataste duramente
y tu respuesta inesperada llegó para dejarte un mensaje que puedes recibir o rechazar. De modo que si actúas de forma impulsiva,
pierdes el control y te dejas llevar por tu ira, por favor, compr

én-
dete para que posteriormente no tengas necesidad de defenderte
con tu reacción. Has aprendido que puedes ser atacada desde
fuera, has adoptado la idea de que alguien puede dañarte o afec-
tarte, y no existe nada más lejano de la realidad que esto. Cuando

puedes moldear la imagen correcta de tu yo, es cuando dejas de percibir el ataque, la ofensa, la competencia o el rechazo como algo personal y te abres a la posibilidad de recibir únicamente alternativas y oportunidades para vivir mejor.

Extrae siempre lo mejor de cada situación, porque la lección o enseñanza siempre está escondida aun en el mayor de los problemas.

18. En alguna ocasión, alguien escribió en Internet un artículo que afirmaba que la práctica de las 4 palabras que curan es peligrosa y según los comentarios que leí, esto llenó de miedo a muchas personas que navegaban ese sitio. ¿Puede llegar a ser peligroso el hecho de borrar memorias?

Cuando no conoces muy bien las reacciones que puede tener tu cuerpo al "inyectarte" amor, es posible que te asustes y que pienses que estabas mucho mejor antes que comenzaras a quererte y puedes considerar la posibilidad de que sea riesgoso o peligroso borrar memorias. Lo que puedes hacer es preguntarte qué tan terrible puede ser el decirte que *lo sientes,* que *te perdonas,* que *te agradeces* y que *te amas;* si la respuesta es que hablarte con amor es arriesgado, entonces ámate por no poder hacerlo. ¡El amor lo contiene todo! Además, no está contraindicado, puedes combinarlo con cualquier medicina que estés tomando, con cualquier otra terapia energética o con lo que sea que estés aprendiendo. De hecho, no importa si te inyectas una sobredosis de amor, sólo ten en cuenta que al inyectarlo en tu cuerpo, éste sacará a la superficie todo lo que no corresponda con el amor. Es tan igual como si tuvieras agua sucia en un vaso y lo pusieras debajo del grifo de agua del lavaplatos; automáticamente el agua limpia desplazaría a la sucia; esto sucede cuando comienzas a amarte. Continúa haciendo esto por ti; ten en cuenta que las crisis curativas son algo transitorio y que bien vale la pena experimentarlas. El hecho de borrar tus recuerdos no puede ocasionarte daño alguno; esto es totalmente ilógico; y si así lo creyeras, asúmelo como parte de tu curación, por lo que tendrías que continuar borrando memorias, mientras aprendes de todas las experiencias que tu conciencia puede brindarte. Finalmente, te pido que no permitas que algo fácil se te vuelva imposible por tus mismas memorias.

19.¿Podemos utilizar la visualización mientras practicamos la pronunciación de las 4 palabras que curan?

Por supuesto que sí. Considero que la visualización es como la oración, no ha de existir manipulación en ella. Manipulas cuando tu intención no es clara y cuando no hay fusión entre el proceso que estás realizando y tú misma. Hay una diferencia muy grande entre visualizarte saludable y hermosa, porque así te sientes, a visualizarte saludable y hermosa, porque sientes miedo de no serlo.

Por otro lado, actualmente los científicos han demostrado que, a nivel cuántico o energético, todas las posibilidades coexisten en un mismo lugar, así que tu vida se apoya en elecciones. Tú eliges qué pensar, qué decir, cómo actuar y también eliges qué visualizar. Si puedes crear en ti una imagen que signifique una hermosa luz dorada entrando por la coronilla de tu cabeza y bañando tu cuerpo, estarías totalmente sintonizada con el amor; y esto no tendría por qué afectar tu conexión con la Inteligencia Divina; creo que al contrario de esto, la facilitaría mucho más.

Entonces, la visualización es un instrumento fabuloso para sentirte mejor con tus elecciones; o si quieres verlo de otro modo, para crear. Puedes utilizarla siempre que lo desees, porque pondrá en marcha más respuestas de las que ya has obtenido. Aparte de todo, cuando estás muy unida a las 4 palabras que curan, casi siempre estás en "estado alfa", lo que atrae diversas imágenes a tu mente sin que las hayas programado; en muchas de ellas puede existir la respuesta a tus preguntas; estas imágenes provienen de la inspiración y son tu fuente de creación. No hay que despreciar nada que contribuya a hacerte sentir mejor. El amor es compatible con todo aquello que quieras experimentar.

20. ¿Cómo has logrado obtener todo este conocimiento? ¿Cómo has logrado que toda una comunidad pueda seguirte día tras día?

Estoy aprendiendo que "todos somos uno". En ocasiones lo he olvidado y me he dejado llevar por esa sensación de estar separada del resto; después, nuevamente tomo el rumbo más enfocada que antes. Continúo aprendiendo a ser más compasiva conmigo y en ese sentimiento descubro muchos aspectos míos que ignoraba, me mantengo atenta a las señales y camino por donde considero que es apropiado; así he encontrado respuestas a gran cantidad de interrogantes. Reconozco, aprecio y amo a toda mi comunidad de fieles lectores y maestros que cada día están atentos a mis publicaciones; sé perfectamente que a ellos me debo y aparentemente van tras mis huellas aunque en realidad es al contrario; yo aprendo de cada uno y sé que tenemos recuerdos comunes, porque en otro plano acordamos seguirnos y aprender mutuamente, tal vez por toda la eternidad. Yo espero que así sea.

21. Soy un muchacho de veinticinco años de edad. Nací homosexual. Tengo muy desarrollado mi lado femenino y toda mi vida he sido rechazado por las personas que me conocen, incluidos mis padres. Actualmente vivo un infierno, porque nadie me entiende; me siento muy solo y siento que todos creen que no merezco vivir por ser diferente. Las 4 palabras que curan, ¿podrían cambiar mi orientación sexual para encajar en la sociedad?

Antes de responder tu pregunta principal, quiero que tengas en cuenta que si te consideras enfermo por ser homosexual, toda la sociedad también lo hará, y no encontrarás un solo espacio en este Universo donde puedas sentirte a salvo o aceptado, simplemente porque dentro de ti se determina el trato que ellos te darán. Eres tú quien piensa por la sociedad y es importante que desarrolles la responsabilidad total al respecto, para que puedas encajar contigo mismo, que es lo único que necesitas y que verdaderamente importa. Posiblemente ahora me digas: "Pero en realidad me discriminan; yo los veo; yo los siento; ¡eso no es mentira!". Y yo te recuerdo que todo lo que consideras doloroso o injusto es una programación de tu propia conciencia; en pocas palabras, no es real, no existe. Si vives de acuerdo con este concepto, pronto te encontrarás con que tu aceptación de ti mismo y el amor que te puedas dar es suficiente para "encajar" en la sociedad.

Y para responder a tu pregunta principal, no he tenido conocimiento de que alguien "supere" la homosexualidad. Sí creo que por conceptos religiosos o dogmas se puede reprimir, pero esto puede compararse con una olla a presión que, con el paso del tiempo, quizá explote. Entre más orgulloso puedas estar por ser quien eres, más oportunidades tendrás de mostrar al mundo tu verdadero rostro y más personas amigables aparecerán en tu realidad. Estás aquí para equilibrar la Tierra y sincronizas millones de vidas a tu alrededor. Elegiste un cuerpo y una experiencia homosexual, pero tu espíritu, tu alma, tu esencia, no tiene sexo y es la misma que creó todo lo que es; entonces es poderosa. Haz uso de ese poder amándote.

22. ¿El perdón es algo inútil?

Para una conciencia plenamente despierta es algo inútil, porque considera que el pasado no existe; por lo tanto, no hay nada que perdonar. Sin embargo, para las personas que estamos en transición hacia otros niveles más evolutivos, el perdón es una herramienta importante que es preciso tener en cuenta. La culpa es una emoción que controla gran parte de la raza humana, y existe porque todavía sentimos necesidad de criticar a los demás y, al calificar o criticar, culpamos, y al culpar, creemos que esas personas merecen castigo, el cual es recibido simultáneamente por todos a la vez; por ti, por mí. Así que toda la culpa del mundo nace en la conciencia de un solo individuo, que para este caso eres tú.

23. ¿Qué pasa cuando nada cambia con las 4 palabras que curan?

Pasa que tal vez no has comprendido de qué se trata su esencia. Si pronuncias la frase *"te amo"* haciendo referencia a tu realidad, situación o problema, ¿para qué desearías que cambiara? ¿Se supone que le amas sin condiciones, no? Si no lo puedes sentir así, si crees que esto es muy difícil, entonces ámate por ello y escucha a tu corazón; él va a guiarte. Hay un escritor fabuloso llamado Deepak Chopra que dice que el "cambio" está impregnado de "no cambio".

Epílogo

Si existe algo por lo cual me siento agradecida es por el contacto que he tenido contigo mientras escribí este libro, sé que es parte de tu creación. Antes de crear cada capítulo, me preguntaba si con él podría aportar algo a tu búsqueda y así llegaba la idea correcta. Siempre digo que no pretendo tener la última palabra ni ser la dueña de la verdad, por eso te pido que busques tu propia verdad y que establezcas una relación confiable contigo.

A ti lectora o lector, muchas gracias por hacer de mí una mejor persona, por permitirme aprender de mis propias letras y porque hicieron posible que ellas tomaran vida propia. A lo largo de todo este tiempo conocí personas valiosas, hermosas, que pudieron sanar con las 4 palabras que curan. He tenido y tengo el privilegio de borrar memorias contigo por medio de este libro.

Lo siento. Perdóname. Te amo. Gracias.

Índice

4 palabras que curan. El lenguaje secreto
de los antiguos hawaianos, de Vivi Cervera,
fue impreso y terminado en enero de 2012
en Encuadernaciones Maguntis, Iztapalapa,
México, D. F. Teléfono: 5640 9062.

Interiores: Sara Castillo Salinas